Schirner Verlag

Anna Katmore

Lichtwesen
DIE UNSICHTBARE WELT UM UNS

Eine inspirierende Anleitung für deine Verbindung mit Engeln, Feen und weiteren Begleitern

Schirner Verlag

Die Ratschläge in diesem Buch sind sorgfältig erwogen und geprüft. Sie bieten jedoch keinen Ersatz für kompetenten medizinischen Rat, sondern dienen der Begleitung und der Anregung der Selbstheilungskräfte. Alle Angaben in diesem Buch erfolgen daher ohne Gewährleistung oder Garantie seitens der Autorin oder des Verlages. Eine Haftung der Autorin bzw. des Verlages und seiner Beauftragten für Personen-, Sach- und Vermögensschäden ist ausgeschlossen.

Wir verzichten auf das Einschweißen unserer Bücher – **UNSERER UMWELT ZULIEBE!**

ISBN 978-3-8434-1456-2

Anna Katmore:
Lichtwesen –
die unsichtbare Welt um uns
Eine inspirierende Anleitung für deine Verbindung mit Engeln, Feen und weiteren Begleitern

Cover & Umschlag: Simone Fleck & Ute Leilani Meuser, Schirner, unter Verwendung von #448691323 (© Alena Ozerova), #162275375 (© Natali Zakharova) und #148561922 (© xenia_ok), www.shutterstock.com
Layout: Elena Lebsack & Simone Fleck, Schirner
Lektorat: Kerstin Noack, Schirner
Printed by: Ren Medien GmbH, Germany

www.schirner.com

1. Auflage November 2020

Für all jene,
die einen
Weg suchen.

Inhalt

Warum dieses *Buch?*

Ich habe mich vor vielen Jahren auf die Suche gemacht, weil ich etwas ganz Bestimmtes finden wollte. Das Große im Ganzen. Die Magie auf dieser Welt. Das *Mehr.* Ich war mir sicher, dass es eine Möglichkeit geben musste, mit den Wesen in der verborgenen Welt hinter den Nebeln in Kontakt zu treten.

Damals wusste ich noch nicht, dass ich bereits mit einer Gabe gesegnet war, die mir all das einmal ermöglichen sollte – einer Gabe, die uns allen gegeben ist. Ich musste sie nur in mir wiederfinden und durch Vertrauen und Hingabe aktivieren.

Heute bin ich an einem Punkt in meinem Leben angelangt, an dem ich hin und wieder einen wundersamen Blick durch die Schleier in das verborgene Reich dahinter werfen darf. Und aus Dankbarkeit für dieses großzügige Geschenk habe ich den lichten Wesen dort versprochen, gemeinsam mit ihnen einen liebevollen Ratgeber für all die vielen Menschenkinder zu schreiben, die ebenfalls auf der Suche nach einem Weg durch die mystischen Nebel sind.

Wenn du dieses Buch heute in den Händen hältst, dann sei dir gewiss, dass es eines der lichten Wesen aus Liebe zu dir in dein Leben gebracht hat. Weil es wusste, dass du kommst. Und weil sie alle dich auf dem Weg begleiten wollen.

Drei Fragen, drei Antworten

Wie sollst du dieses Buch lesen?

Ich empfehle dir, jedes Kapitel der Reihe nach anzugehen und dir pro Tag nur ein Kapitel vorzunehmen. Gib dir selbst genügend Zeit, um all die Information, die du hierin erhältst, langsam und in Ruhe zu verarbeiten.

Wenn du lieber schneller vorgehen und die Kapitel vielleicht aus Neugier durcheinander lesen möchtest, so darfst du auch das natürlich sehr gern tun.

Ist alles wahr, was in diesem Buch steht?

Nun, für mich ist es die Wahrheit, denn die Lichtwesen in *meiner* Welt haben es mir so erzählt. Aber inwieweit *meine* Welt sich auch mit *deiner* Welt deckt, musst du für dich selbst herausfinden. Die innere Wahrheit ist immer relativ. Sie unterliegt keinen von Menschen gemachten Gesetzen und erhebt sich auch über das, was wir die Gesetze der Physik nennen.

Lies jedes Kapitel mit Bedacht. Gib dir selbst ausreichend Zeit, und entscheide aus deinem Herzen, ob die Worte mit deinem Sein schwingen. Tun sie es, so lebe danach. Tun sie es nicht, schiebe sie getrost beiseite, und finde in der stillen Kraft und Weisheit deiner Seele deine eigene Wahrheit. Denn genau das zu lernen, ist das Ziel.

Wirst du am Ende dieses Buches in der Lage sein, mit deinen lichtvollen Begleitern zu kommunizieren?

Dazu musst du nicht bis zum Ende dieses Buches warten, du kannst es bereits jetzt. Tatsächlich konntest du es schon immer, doch möglicherweise hast du seit deinen frühen Kindheitstagen vergessen, wie es geht. Die Engel und alle anderen Lichtwesen möchten dir zeigen, was du tun kannst, um sie erneut zu finden, wahrzunehmen und zu verstehen. Und bis du es wieder gelernt hast, vermittle ich sehr gern zwischen euch.

Das Ziel
dieser besonderen Reise

Ich möchte dieses Buch beginnen, indem ich dir verspreche, mich kurz zu fassen. Den lichten Wesen hinter den Nebeln ist wohl bewusst, dass die erhöhte Schwingung der Erde gerade dazu führt, dass wir Menschen das Gefühl haben, die Zeit rinnt dahin wie Sand durch unsere Finger.

Sie wollen uns nicht aufhalten, im Gegenteil. Im schönsten Falle wollen sie uns mehr Zeit verschaffen. Sie wollen uns eine Möglichkeit bieten, das Beste aus der Zeit zu machen, die wir hier zur Verfügung haben. Das bedeutet aber, dass wir erst einmal jegliches Chaos in uns ordnen und wieder zu uns selbst finden müssen. Denn nur, wenn es *um* uns und *in* uns still ist, können wir sie hören.

Auf den folgenden Seiten möchte ich dir mit ihrer Hilfe erklären, wie du in diesen besonderen Zustand der inneren Ordnung findest und wie es von dort aus weitergeht. Das Ziel dieser kleinen, besonderen Reise ist es, am Ende ein tiefes Band zwischen dir und den lichten Wesen zu spüren, über das du mühelos mit ihnen kommunizieren kannst. Manchmal, um Botschaften zu erhalten oder um Wünsche zu äußern. Und manchmal auch einfach nur, um ein wenig Gesellschaft aus dem verborgenen Reich zu haben.

All die wunderbaren Geschöpfe dort freuen sich über Gespräche mit dir ebenso, wie du dich über Unterhaltungen mit ihnen freust.

1

Wie innen, so außen

Um zu beginnen, lasse uns erst einmal aufräumen. Denn es gilt: Wie innen, so außen. Und umgekehrt. Dabei arbeiten wir uns Schritt für Schritt von außen nach innen vor. So, wie es in deinem Zuhause aussieht, so sieht es meist auch in deinem Herzen aus. Sieh dich kurz um. Ist es sauber und aufgeräumt? Ist es chaotisch? Ist es laut? Ist es still …?

Schwingungen übertragen sich von uns auf unsere Umwelt – und auch andersherum. Das klingt einfach. Ist es auch. Den meisten Menschen ist diese Tatsache nur nicht immer bewusst.

Stelle dir nur vor, wie es dir an einem Einkaufssamstag in einem großen Shoppingcenter kurz vor Weihnachten geht. So viele Menschen. Alles wuselt. Irgendwann fühlt es sich für dich so an, als würden all diese Menschen direkt durch deinen Kopf laufen und dich ständig in eine andere Richtung drehen. Und dann musst du ganz plötzlich raus aus diesem Einkaufscenter und irgendwo in Ruhe durchatmen.

Kommt dir das bekannt vor?
Das geschieht, weil wir die Schwingung all dieser gestressten Menschen aufnehmen, dies aber nur bis zu einem gewissen Grad erträglich ist.

Andererseits kann uns eine große glückliche Menschenmasse aber auch unendlich beflügeln. Stelle dir vor, du sitzt mit 3000 anderen Menschen auf einer Wiese, und ihr singt alle gemeinsam ein Lied, während ihr zusammen auf eure Lieblingsband wartet, die in Kürze ein Konzert gibt. Das hebt die innere Schwingung. Die Laune. Es öffnet dein Herz und deine Seele.

Achte in den nächsten Wochen darauf, welchen Schwingungen du dich aussetzt, und versuche, gezielt das Außen nach deinem inneren Wunsch zu richten. Schaffe dir ein glückliches Zuhause, ein schönes Umfeld, und begib dich, wann immer es geht, in die schönstmöglichen Situationen. Dann findest du auch innerlich leichter in deine Mitte.

Und wenn es einmal zu laut in dir ist, sodass du dich vielleicht selbst schon gar nicht mehr hören kannst, dann gehe in die Natur. Nichts fährt den Geist so sehr herunter wie die Stille des Waldes, das ruhige Plätschern eines Baches oder ein leiser Spaziergang barfuß über eine Wiese.

2

Glaube ist ein Vertrauensvorschuss

Die lichten Wesen haben noch unzählige weitere Botschaften für dich, die sie dir durch dieses Buch Tag für Tag schenken möchten. In vielen bekommst du Anleitungen, wie du deinen Geist für Impulse oder auch Inspirationen aus der Geistigen Welt öffnest. Zu Beginn klingt das vielleicht fantastisch und unwirklich. Es ging mir vor vielen Jahren nicht anders, als ich mich zum ersten Mal auf diesen Weg gemacht habe.

Du wirst dir in den nächsten Tagen bestimmt das ein oder andere Mal denken: Das kann doch gar nicht funktionieren. Das sind doch alles nur Märchen! Ja, das mag sein. Aber ich verrate dir jetzt eins: Märchen schreibt das Leben.

Ich möchte dir jetzt eine Frage stellen, die du gern still für dich beantworten darfst: *Woran glaubst du?* Glaubst du daran, dass man geboren wird, lebt, stirbt und dann in der Erde vergraben und von den Würmern kompostiert wird? Dass vor und nach diesem einen Leben nichts existiert und nie etwas existiert hat? Oder kannst du dir vorstellen, dass da vielleicht doch mehr ist?

Ersteres klingt für mich nicht nur traurig, sondern auch gruselig, möchte ich gestehen. Allein der Gedanke würde mir Angst machen. Für mich stand immer schon fest, dass da unendlich viel mehr ist, denn ich konnte es schon als kleines Kind »sehen«. Und wenn ich hier das Wort *sehen* verwende, dann meine ich nicht mit den Augen. *Sehen* bedeutet in diesem Zusammenhang für mich, etwas wahrzunehmen, was in einer Frequenz schwingt, die sich auf der Erde, auf der wir alle in diesem Leben inkarniert sind, nicht verfestigen kann. Ich spreche von Wesen, die in einer oder vielen anderen Dimensionen existieren. Die Erde und wir sind nur eine davon. Die Qualitäten unserer und ihrer Schwingung sind jedoch so unterschiedlich wie ein Hund und ein Floh. Nur weil der Floh im Vergleich zum Hund winzig klein ist, er kein Fell hat und nicht bellen kann, heißt das nicht, dass sie nicht trotzdem beide nebeneinander existieren und sich sehr wohl gegenseitig wahrnehmen.

Dieser Unterschied in der Schwingung unserer und ihrer Körper ist der Grund, warum sich uns die lichten Wesen nicht zeigen. Sie können es einfach nicht. Genauso wenig wie wir uns unsichtbar machen können.

Um an den Punkt zu gelangen, an dem du diese Geschöpfe dennoch sehen – und damit meine ich, wie gesagt, *innerlich* wahrnehmen – kannst, musst du erst einmal deinen geistigen Kanal öffnen und trainieren. Und das braucht Zeit.

Du kannst die Luft nicht sehen, aber du kannst sie fühlen. Wenn sie kalt ist, wenn sie warm ist, wenn sie dir ausgeht und wenn du sie tief einatmest. Und so ist das auch mit der anderen Welt und den lichten Wesen. Ich nenne sie so, weil es so viele davon gibt: Engel, Schutzbegleiter, Geistführer, Seelen, Krafttiere, Elfen, Wichtel, Wald-, Wiesen- und Baumgeister, Gnome, Feuerwesen, ja, sogar

Buchcharaktere, Feen und noch unzählige andere Energieformen, die ich nicht einzeln benennen kann.

Sie alle wirken. Um uns, mit uns und sehr oft für uns. Der erste Schritt, um deinen Kanal zu öffnen und somit den lichten Wesen näherzukommen, ist ein einfaches »Hallo«. Es dauert genau eine Sekunde. Und dabei geschieht dir garantiert nichts Schlimmes. Also schließe doch jetzt gleich einfach einmal die Augen, und schicke ein stilles, gedankliches »Hallo« hinaus. Du kannst dir gar nicht vorstellen, wie viele lichte Wesen da draußen es auffangen und sich in diesem Moment in deine Richtung drehen werden. Sie werden dich ansehen, vielleicht neugierig den Kopf neigen und einen Schritt auf dich zugehen. Denn so funktioniert das. Du machst einen Schritt. Sie machen einen Schritt.

Warum sollst aber ausgerechnet du den ersten Schritt machen und nicht sie, magst du dich jetzt vielleicht fragen. Ich verrate es dir: Weil sie bereits zehntausend Schritte auf dich zu gemacht haben, bevor du überhaupt das erste »Hallo« in Gedanken ausgesprochen hast. Nur hast du es nicht gemerkt, weil dein Kanal wahrscheinlich noch zu ist. Und vielleicht auch einfach, weil du dir noch nie Gedanken über diese andere Welt und deren Wesen gemacht hast. Oder hast du?

Manche von diesen Wesen stehen dir tatsächlich sehr, sehr nahe. Sie haben dich als ihren ganz persönlichen Schützling gewählt, und du hast sie dir in einer Zeit vor diesem Leben als deine Begleiter ausgesucht.

Mit der Geburt auf dieser Erde wurde aber der Schleier des Vergessens über deinen Geist gelegt. Das hat seine Gründe, die du schon bald in einem anderen Kapitel erfahren wirst. Jetzt ist einfach nur

Alle Angaben werden vertraulich behandelt.
* Der Newsletter kann jederzeit abbestellt werden.

Name/Vorname: ____________________

Straße: ____________________

PLZ, Ort: ____________________

Telefon: ____________________

E-Mail: ____________________

Geburtsdatum: ____________________

Bitte senden Sie mir:

- ☐ weitere Informationen aus dem Schirner Verlag
- ☐ den Schirner Newsletter (nur als E-Mail*)
- ☐ das SPIRIT live & Schirner Magazin

Diese Karte entnahm ich dem Buch:

____

Würden Sie dieses Buch weiterempfehlen?

____

Vielen Dank!

Bitte freimachen, falls Marke zur Hand ❤

Antwort

Schirner Verlag
Birkenweg 14a
D-64295 Darmstadt

wichtig, dass du verstehst, dass der Schleier einen Sinn hat und es eine unserer vielen Aufgaben in diesem Leben ist, den Schleier zu lüften.

Du kannst vielleicht noch nicht erahnen, was dahinter liegt. Ich durfte jedoch in kurzen Momenten bereits einen Blick dahinterwerfen, und darum bitte ich dich jetzt im Namen all deiner Schutzbegleiter, die dich lieben und für dich nur das Allerbeste wollen, dass du daran glaubst. An sie. An das »Mehr«. Gib ihnen diesen einen kleinen Vertrauensvorschuss. Vertraue darauf, dass das, wovon ich dir hier mit ihrer Unterstützung berichte, wahr ist. Schicke ein »Hallo« zur Begrüßung hinaus, denn damit zeigst du ihnen Respekt und dein Vertrauen darin, dass sie wirklich existieren. Und dann werden sie dich bei jedem weiteren Schritt, den wir von hier an langsam gemeinsam gehen werden, unterstützen. So lange, bis du sie ebenso deutlich wahrnehmen kannst wie sie dich.

Und wenn du erst einmal an dem Punkt angelangt bist, dann wird es richtig, richtig spannend, das verspreche ich dir!

Märchen
schreibt das
Leben.

3

Licht UND DUNKELHEIT

Du weißt inzwischen, dass es einen Vertrauensvorschuss braucht, um ohne Beweis an die Wesen in der Welt *hinter* dieser Welt zu glauben. Schaffst du das? Auch wenn du nur ein ganz kleines bisschen daran glauben kannst, dann bist du schon auf dem absolut richtigen Weg.

Der nächste Schritt ist nun, eine ganz wichtige Sache zu verstehen.
Ohne Böse kein Gut.
Ohne Tief kein Hoch.
Ohne Schatten kein Licht.

Wir leben in einer Welt der Dualität. Wir alle haben den Ort und den Zeitpunkt unseres Kommens selbst gewählt, weil wir in eine Situation geboren werden wollten, in der wir bestimmte Dinge lernen können. Nirgendwo können wir uns selbst so gut erfahren wie in einer Welt, die voller Versuchungen steckt, voller Aufgaben und Herausforderungen. Natürlich wünschen wir uns alle einen harmonischen, friedlichen Planeten. Eine Welt, in der es nie Streit gibt, keinen Widerstand, keine Trauer und keinen Verlust. Diese Welt existiert sogar - allerdings nicht auf der Erde. Damit wir uns als Menschen aber spüren und herausfinden können, wer wir wirklich sind – ganz tief in uns drin –, müssen wir uns an etwas reiben. Das ist in einer Beziehung genauso wie auf dem Spielplatz oder da draußen im Leben. Reibung schafft Wärme. Wärme ist Energie. Und Energie ist, was wir sind.

Das Licht kommt von der Seite, von der auch wir kommen. Die Dunkelheit bildet den Gegenpol. Und auch dieser ist für etwas gut. Tatsächlich sind Licht und Dunkelheit wie zwei alte Freunde, deren Absicht es ist, uns einen Spielplatz des Lernens zu erschaffen. Wie objektiv kannst du dem Licht und der Dunkelheit gegenüberstehen?

Im christlichen Glauben verkörpert Luzifer die Dunkelheit. Er ist der gefallene Engel. Aber hast du dir schon einmal überlegt, warum ausgerechnet er? Der einstige Engel des Lichts?

Viele dichten ihm das absolute Böse an. Dass er inzwischen das Dunkle kommandiert, kann sehr gut sein, aber was wäre, wenn Luzifers Fall gar kein Zufall – keine traurige Begebenheit – war? Was wäre, wenn es Vorsehung war? Wenn es im Plan der Schöpfung stand? Was wäre, wenn er sich für uns hingegeben hat, um uns hier und auch andernorts die Möglichkeit zur Reibung und zur Entwicklung zu geben?

Ich will Luzifer hier keinesfalls verherrlichen. Die Dunkelheit ist immer noch eine Quelle, die es für mich zu meiden gilt. Aber um uns zu spüren und zu lernen, brauchen wir sie. Denn woran sollten wir wachsen, wenn wir in ewiger Harmonie leben würden? Was wären unsere Aufgaben außer jener des absoluten Genusses? Richtig: Wir hätten keine. Daher respektiere auch die Dunkelheit, egal, wie schrecklich sie dir manchmal vorkommen mag. Sie gehört zum Leben. Und unsere Aufgabe ist es, das Licht über die Schatten auszuweiten. Diese Aufgabe ist mitunter ziemlich herausfordernd. Aber auch schön. Und spannend. Glaube mir, es kann wundervoll erfüllend sein, ein Lichtbringer zu sein. Und ob wir Lichtbringer sind, das entscheiden wir alle für uns ganz allein.

Aber wie funktioniert nun beides, das Gute und das Böse, miteinander – und mit uns mittendrin?

Uns wurde dieses Leben auf dieser Welt geschenkt, damit wir das Licht und die Dunkelheit für unsere Erfahrungen und unsere Entwicklung nutzen können. Es ist ein Kräftewirken, beide Seiten ziehen an uns. Je mehr wir uns für das Licht öffnen, desto mehr wird auch das Dunkle auf uns aufmerksam und versucht, uns auf seine Seite zu ziehen – um alles in Balance zu halten. Die Verführung ist nicht zu unterschätzen. Oft merken wir erst sehr viel später, in welchen Momenten wir tatsächlich der dunklen Kraft verfallen waren. Und oft tut es uns hinterher von Herzen leid.

Ein Beispiel sind Streitereien in der Familie: Sie entstehen oft aus einem kleinen unlichten Funken, der manchmal sogar bis zur Eskalation führt. Und wenn wir einige Stunden oder Tage später über die Situation nachdenken, kommen wir meist zu dem Schluss, dass es gar nicht so weit hätte kommen müssen, wenn wir in diesem einen Moment einen friedvollen Gedanken zugelassen hätten.

Das sind die kleinen Prüfungen des Lebens. Aufgaben, an denen wir uns messen und durch die wir über uns hinauswachsen können – in Liebe gestellt von Licht und Dunkelheit gleichzeitig. Nicht selten überkommt uns das Gefühl, wir wären gescheitert. Doch das stimmt nicht. Ein vermeintliches Scheitern ist nur ein weiterer Lernprozess auf unserem Weg. Wir erkennen daran, wer und wie wir *nicht* sein wollen, und können es schon im nächsten Augenblick ändern.

Das Gute ist, dass wir uns in jeder Sekunde neu entscheiden können, wer wir sein wollen. Nichts ist in Stein gemeißelt. Nichts ist für immer.

Ich persönlich glaube, eines der schönsten Lernziele auf dieser Welt und in diesem Leben ist es, die bestmögliche und liebevollste Version zu sein, die wir von uns selbst erschaffen können. Und ja, wir erschaffen uns hier auf der Erde tatsächlich neu. In diesem Leben. Jeden einzelnen Tag. Wenn wir Rückschritte machen, geht die Sonne abends unter, und mit dem nächsten Morgen können wir versuchen, es besser zu machen. Unzählige Male. Wir haben Zeit. Und wir haben den Spielplatz für unser Handeln geschenkt bekommen.

Zeige, wer du bist. Entscheide dich. Wohin zieht es dich wirklich? Ins Licht oder in die Dunkelheit?

Tatsächlich sind beide Entscheidungen völlig legitim und frei von jedem Urteil. Manche Menschen sind als Lichtbringer hier, und andere müssen ihre Lektionen in der Dunkelheit lernen. Du darfst das. Es ist deine Wahl, dein freier Wille. Jede Entscheidung, die du triffst, ist gut – in einem neutralen Sinn. Bedenke aber auch, dass jede Entscheidung Konsequenzen mit sich bringt, mit denen du unter Umständen leben musst. Darum wähle weise. In jeder Minute, jeden Tag aufs Neue.

4

Spiritueller Schutz

Du erinnerst dich an das Kräftewirken zwischen Licht und Dunkelheit? Nun, natürlich gibt es Möglichkeiten, wie du gezielt auf dem lichten Weg bleiben und negative Einflüsse aus dem geistigen Bereich abwehren kannst, wenn du das möchtest.

Wenn du mir nun weiter in diese magische Welt hinter den Nebeln folgst, möchte ich dir heute eine Anleitung geben, wie du dich schützen kannst und unbedingt solltest! Zu jeder Zeit, an jedem Ort.

Warum das so wichtig ist, will ich dir gleich als Erstes erklären, damit du die Sache auch wirklich ernst nehmen kannst: Wer seinen Kanal und seinen Geist öffnet, der lässt nicht nur die schönen Dinge herein und an sich heran. Nein, je weiter du dich öffnest, desto leichter ist es auch für negative Energien, an dich anzudocken. Negative Energien können alles Mögliche sein: der Stress, der Zorn, die Trauer oder die Frustration anderer Leute ebenso wie Wesen, die direkt der Finsternis entstammen.

Stelle dir einmal vor, ein Freund ist bei dir und erzählt dir stundenlang von seinen Problemen im Job. Am Ende des gemeinsamen Nachmittags geht er gut gelaunt nach Hause, doch du fühlst dich wie erschlagen. Warum, denkst du, ist das so?

Es kommt daher, dass dieser Freund, ohne es zu wissen, seine negative Energie auf dich abladen konnte. Und wenn du so brav warst, wie ich vermute, dann hast du gerade alles aufgenommen, weil du ja ein guter Zuhörer bist. Für den Rest des Abends trägst du nun ein Päckchen Frustration mit dir herum, das gar nicht dir gehört und das ziemlich schwer auf deinen Schultern lastet.

Sollte das so sein? Nein. Was ist hier also falsch gelaufen?

Der Freund hat eine negative Energiewelle freigesetzt, und du bist frontal und schutzlos in sie hineingelaufen. Das muss nicht so sein. Du kannst sehr wohl ein guter Zuhörer und Freund sein und trotzdem vermeiden, diese negative Energie in dich aufzunehmen. Dafür gibt es mehrere ganz einfache Wege. Ich nenne dir gleich ein paar davon. Wähle, was immer du willst und was sich in deinem Bauch und deinem Herzen gut anfühlt. Du kannst sie auch kombinieren oder etwas ganz Eigenes für dich erschaffen.

Wichtig dabei ist, dass du verstehst, wie machtvoll die Kraft deiner Gedanken ist. Du musst keine komplizierten Rituale durchführen, dich kasteien, fünfzehn Ave-Maria beten oder vierzig Tage lang fasten. In der Einfachheit liegt die Kraft. Je einfacher du etwas für dich gestaltest, desto besser. Es ist immer der Gedankenfunke, der zählt, denn er bringt alles ins Rollen, und er holt deine Schutzbegleiter zu dir.

Hier nun einige Möglichkeiten:

Eine sehr effektive Methode ist es, dich gedanklich einfach in weißes, warmes, schützendes Licht zu hüllen. Oder wirf dir eine imaginäre goldene Decke um, in die du dich einhüllst und durch die nichts Negatives von außen dringen kann. Das Ganze dauert vielleicht zehn Sekunden, aber die Wirkung hält stundenlang an. Vertraue darauf.

Eine andere Möglichkeit ist es, deine Hauptenergiezentren im Körper – die Chakras – zu schließen. Was genau diese Energiezentren sind, erkläre ich dir im nächsten Kapitel genauer. Im Moment ist nur wichtig, dass du das Grundprinzip verstehst. Jedes dieser Felder schwingt in einer bestimmten Farbe des Regenbogens. Wenn du deine Chakras aktivierst, wenn du die Farben strahlen lässt, öffnen sie sich weit und lassen Energien herein und hinaus. Wenn du sie gedanklich schließt wie die Blüten einer Blume, machst du auf spiritueller Ebene zu und versiegelst dadurch auch deinen Energiekörper.

Außerdem ist die Farbe Dunkelbraun eine sehr mächtige Schutzfarbe. Stelle dir hierzu einfach einmal vor, wie du einen dicken, dunkelbraunen Mantel anziehst, der von deinem Kopf bis zu den Zehenspitzen reicht. Ziehe den Reißverschluss bis hinauf zur Nase. Setze die Kapuze auf, und ziehe Handschuhe in der gleichen Farbe über deine Hände. Gerade an Orten, an denen du mit vielen anderen Leuten zu tun hast, wie etwa im Kaufhaus, in einer Bar oder im Büro, ist diese schützende Vorstellung sehr hilfreich.

Die letzte Möglichkeit geht direkt an die Quelle. Ich verwende diese für mich selbst inzwischen am liebsten, weil sie unglaublich kraftvoll und gewaltig ist: Schließe hierfür kurz die Augen, und visualisiere, wie dein höchst eigener Schutzengel hinter dich tritt, liebevoll auf dich herabschaut und seine mächtigen weißen Schwingen um dich legt. Im Schutz seiner Flügel kann dir auf der energetischen Ebene absolut nichts mehr passieren. Und das Schönste daran ist, dass du gleichzeitig eine sehr innige Bindung zu deinem Schutzbegleiter aufbaust, die dir auf dem weiteren Weg noch viel Magisches und Wunderbares bringen wird.

Diese verschiedenen Formen des Schutzes sind unglaublich einfach und unendlich machtvoll. Du kannst sie zu einem Morgenritual machen und wirst sehr schnell merken, wie viel angenehmer du durch den Tag gleitest. Die Übungen kannst du so oft wiederholen, wie du willst. Mache sie immer sofort, wenn dir bewusst wird, dass energetisch gerade etwas stark an dir zieht. Mache sie auch vorsorglich, wenn du unter Menschen gehst, egal, ob bekannte oder fremde.

Tatsächlich aber gibt es unzählige Möglichkeiten, dich zu schützen. Sei ruhig kreativ. Du kannst, wenn du möchtest, auch Rituale anwenden oder dir andere mächtige Begleiter herbeiholen. Der Gedanke muss sich nur immer gut in deinem eigenen Herzen anfühlen. Stimmig. Liebevoll. Und warm. Dann machst du es richtig.

Mit deinem persönlichen Schutzzauber hältst du deinen Körper und Geist rein von negativen Ablagerungen und Anhaftungen. Du bleibst immer nur du selbst und fest in deiner Mitte. Und das ist doch ein sehr wohliges Gefühl, meinst du nicht?

5

ENERGIEZENTREN im *Körper*

Ich habe bereits kurz die Energiefelder im Körper angesprochen und möchte nun näher darauf eingehen. Man nennt diese einzelnen Felder auch Chakras, was übersetzt so viel heißt wie Rad. Das kommt daher, weil man diese Energiefelder an den entsprechenden Stellen in unserem Körper als kräftig strahlendes Rad wahrnehmen kann. Jedes in einer anderen Farbe.

Jedes einzelne Chakra ist der Sitz für ganz bestimmte Kräfte und Wirkungsspektren in uns selbst. Die sieben wichtigsten Felder sitzen entlang der Wirbelsäule und sind wie die Farben des Regenbogens angeordnet. Von oben nach unten:

KRONENCHAKRA:
Sitz der Spiritualität. Farbe: Violett

Drittes Auge/STIRNCHAKRA:
Sitz der Wahrnehmung. Farbe: Indigo

KEHLCHAKRA:
Sitz der Kommunikation. Farbe: Blau

HERZCHAKRA:
Sitz der Liebe und Heilung. Farbe: Grün

SOLARPLEXUSCHAKRA:
Sitz der inneren Weisheit und Kraft.
Farbe: Gelb

SAKRALCHAKRA:
Sitz der Sexualität und Kreativität.
Farbe: Orange

WURZELCHAKRA:
Sitz des Urvertrauens. Farbe: Rot

An dieser Stelle möchte ich kurz erwähnen, dass die Farben mitunter von jedem Einzelnen ein wenig anders wahrgenommen werden können. Für mich weichen zum Beispiel die obersten beiden Lichtfelder farblich so ab, dass das Dritte Auge in der Farbe Lila und das Kronenchakra in einem mächtigen, geistigen Weiß strahlt. Je mehr du dich damit beschäftigst, desto stärker wirst du selbst all die Farben wahrnehmen – innerlich, nicht mit den physischen Augen. Sehr viele dieser Dinge empfinden wir einfach als tiefes, wahres Gefühl. Vertraue dir selbst. Du wirst es spüren.

Ich möchte hier nicht tiefer auf die einzelnen Felder und deren Bedeutung eingehen, denn diese kannst du sehr leicht überall nachlesen. Ich möchte dir hingegen aufzeigen, wie genau du nun mit diesen Feldern arbeiten kannst. Wie du sie aktivierst, wie du sie öffnest und schließt und wie du sie reinigen kannst.

In erster Linie reicht hier, wie in jedem anderen Bereich der Geistigen Welt auch, ein einfacher Gedankenfunke. Denke an eine der Farben, und automatisch schickst du bereits Energie zu dem betreffenden Chakra. Stelle dir diese Energieräder wie bunte Blüten in deinem Lichtkörper vor. Schickst du Energie dorthin, gehen diese Blüten auf wie wunderschöne, große Sonnenblumen. Öffnest du sie gedanklich, so wirken sie für dich. Sie verstärken die Kraft, die ihnen zu eigen ist. Öffnest du sie alle, strahlt dein gesamter Lichtkörper wie ein Regenbogen, und dein Geist ist weit offen. Du nimmst leichter Botschaften aus der anderen Welt auf, und du lässt auch die Menschen um dich herum weiter in dein Energiefeld eindringen. Das kann für dich gut sein, doch es kann auch negative Folgen haben.

Ich habe dir ja bereits berichtet, was geschieht, wenn du Dinge an dich heranlässt oder in dich aufnimmst, die dir nicht nützen, sondern schaden. Darum ist es so unendlich wichtig, dich immer erst zu schützen, ehe du anfängst, mit den Energiefeldern zu arbeiten. Wie du dich schützen kannst, weißt du bereits. Mache es jetzt! Und mache es gern immer, kurz bevor du dieses Buch zur Hand nimmst. Denn auch, nur über Themen der Geistigen Welt zu lesen, zu reden oder nachzudenken, bedeutet bereits, den Geist zu öffnen. Und ich möchte mit dir zusammen sichergehen, dass du nur die richtigen Energien in dich aufnimmst.

Wenn du dich auf eine Meditation vorbereitest oder auch nur in einer stillen Minute ein wenig tagträumen willst, wenn du in Kontakt mit deinen geistigen Begleitern treten oder ganz besondere Wünsche ins Universum hinaussenden möchtest, dann schließe davor kurz die Augen, und öffne gedanklich deine Energiefelder. Beginne dabei mit der roten Blüte, die zwischen deinem Scham- und deinem Steißbein sitzt. Wandere die einzelnen Chakras nach und nach weiter hinauf, bis du beim Kronenchakra angekommen bist und auch diese Blüte aufgeht wie ein tausendblättriger Lotos.

Auch wenn du Fragen an das Leben hast und diese gern in einem Traum beantwortet haben möchtest, ist diese Übung hilfreich. Führe sie dann vor dem Einschlafen aus. Denke aber auch hier daran, deinen Engel zu bitten, seine Flügel die ganze Zeit liebevoll und schützend um dich geschlossen zu halten.

Um die Kraft eines Chakras zum Beispiel in einer Meditation zu verstärken, lege beide Hände darüber. Deine Hände sind ein mächtiger Kanal, der die Lichtenergie, die über dein Herz in dich eintritt, bündeln und durch die Handflächen weiterleiten kann.

Sehr oft sitzen Blockaden in den einzelnen Chakras. Dies passiert, wenn wir uns lange nicht damit beschäftigen, wenn wir in einer Situation festgefahren sind oder einfach wenn das Leben uns Stolpersteine in den Weg legt. Um Blockaden aufzulösen und die Schwingung der einzelnen Farbblüten wieder zu aktivieren, lege eine Hand auf das unterste Chakra und die andere Hand über das nächsthöhere Energiefeld. Lasse durch dein Herz die heilende Lichtenergie aus der Quelle in dich eintreten, und leite sie gedanklich an deine Energiefelder weiter. Lasse deine Hände etwa ein bis zwei Minuten in dieser Position liegen – oder so lange, wie es sich in dir richtig anfühlt. Dann schiebe deine Hände jeweils eine Stufe weiter nach oben, und wiederhole den Vorgang, bis du alle Chakras aktiviert hast.

Diese paar Minuten reichen aus, um deine Chakras einmal ordentlich durchzuputzen. Du solltest das, wenn möglich, etwa einmal die Woche machen, einfach, um den Kanal für dich selbst aufrecht- und rein zu erhalten. Bei tief sitzenden Blockaden kann es oft viele, viele dieser Vorgänge benötigen, um sie langsam aufzulösen. Habe Geduld.

Um deinen Lichtkörper nach der geistigen Arbeit zu versiegeln, schließe die Chakras wieder. Nutze dazu ebenfalls deine Gedanken. Stelle dir hierzu vor, wie sich jede Farbblüte an deinem Körper zusammenzieht wie eine Blume, die schlafen geht. Bringe sie in einen Zustand der Knospe, die gut verschlossen ist und die heilige Farbe darin wohl behütet.

Wie bereits zuvor erwähnt, ist die Versiegelung deines Lichtkörpers auch ein guter Vorsatz, wenn du dich in große Menschenmassen begibst. Denn somit schützt du dich selbst davor, dass die Energie der anderen in dich eindringt und wie eine schwere Last in dir liegt. Wir denken leider nicht immer rechtzeitig daran, dies zu tun. Um ehrlich zu sein, vergesse auch ich viel zu oft, mich selbst früh genug zu schützen. Das Gute ist aber, dass du all diese kleinen Dinge zu jeder Zeit, bei Tag und bei Nacht, an jedem Ort auf der ganzen Welt anwenden kannst. Auch wenn du dich bereits mitten in einer Situation befindest, in der dir ein wenig Schutz ganz guttäte. Es ist nie zu spät! Und all das wirkt zum Glück im Bruchteil einer Sekunde.

Bleibe gut geschützt!

6

Körper- und Geistreinigung

Du weißt nun bereits, wie du dich effektiv schützt und wie du die Grenzen deines eigenen Körperenergiefeldes durch die Öffnung und Schließung deiner Chakras erweitern oder ganz eng an dich heranziehen kannst. Wenn du diese Techniken ab nun regelmäßig anwendest, bewegst du dich in einem geschützten geistigen Umfeld.

Allerdings wandeln wir alle ja schon über einen sehr langen Zeitraum durch unser Leben und haben dabei in der Vergangenheit auch einiges an Ballast und Anhaftungen gesammelt. Im Folgenden erkläre ich dir, wie du Lasten aus alten Tagen oder auch immer wieder neu angesammelte negative Energien loswirst. Viele Menschen bedienen sich dazu der Hilfe von großen Schamanen oder anderen ausgebildeten Energetikern. Sie führen Rituale durch, lassen sich behandeln und zahlen oft eine Menge Geld dafür.

Ich verrate dir heute aber ein Geheimnis, das nicht nur für die Reinigung gilt, sondern auch für jeden anderen Bereich in der Geistigen Welt: Was immer du tust, was immer du vorhast … du kannst das allein. Du brauchst niemand anderen dazu, und du musst auch keine umständlichen Prozeduren durchführen. Wenn du das gern möchtest, kannst du es natürlich jederzeit machen. Hier steht dir alles frei, und du findest ein breites Spektrum an Helfern da draußen. Doch wenn du erst einmal genug Vertrauen in dich selbst und auch in deine geistigen Begleiter aufgebaut hast, dann wirst du merken, zu welch großen Taten du selbst tatsächlich fähig bist.

Um nun eine grundlegende Reinigung deines Lichtkörpers durchzuführen, verbinde dich gedanklich mit der Geistigen Welt. Nimm dir ein paar Minuten Zeit, suche dir ein ruhiges Plätzchen, und schließe die Augen. Rufe nun eines der mächtigsten Wesen aus der feinstofflichen Welt zu dir: Erzengel Michael. Er ist eine gewaltige Erscheinung, und wenn du dich an ihn wendest, bist du in jeder Sekunde rundum geschützt und behütet.

Für eine Körperreinigung bitte Michael darum, diese für dich durchzuführen. Die Bitte allein ist bereits der Anstoß für die Handlung und die Arbeit mit ihm. Er wird diese Bitte niemals ablehnen und auch keine Sekunde zögern, an dich heranzutreten. Arbeite für die Reinigung in Bildern. Es ist wie immer der Gedankenfunke, der zählt. Stelle dir vor, wie Michael deinen gesamten Körper von den Zehen bis zu deinem Scheitel mit hellem, weißem Licht erfüllt. Atme tief! Über deinen Atem nimmst du die Botschaften und die Kraft der feinstofflichen Welt auf. Konzentriere dich auf jeden Atemzug, und bewege damit das Licht des Engels in deinem Körper nach oben, über deine Knöchel, die Knie, die Hüften, den Bauch, die Brust, die Schultern bis in die Arme, den Hals, und lasse das helle Leuchten deinen Kopf ausfüllen. So lange, bis du in Gedanken – vor deinem inneren Auge – deinen ganzen Körper in diesem hellen Licht strahlen siehst. Äußere nun laut oder still die Bitte, dass sich alles Negative, das sich im Laufe der Zeit an dich gehängt hat, in Frieden auflösen möge, und übergib es dem Universum. Lasse diesen Ballast in deinen Gedanken aufsteigen und hoch oben bei den Sternen in Staub übergehen. Wenn du damit fertig bist, sende den nächsten Auftrag an Michael. Bitte ihn als den mächtigen Hüter alles Guten darum, einen Goldregen auf dich niederfallen zu lassen, der deinen Lichtkörper versiegelt. Nimm dir die Zeit, dir all das bildlich vorzustellen, denn das ist eine der vielen Kommunikationsformen der Menschen mit den Engeln. Jedes Bild ein Gedanke. Jeder Gedanke eine Manifestation. Bedanke dich am Ende dieser liebevollen Lichtreinigung bei Michael für sein Kommen und seine Hilfe. Und sei dir gewiss, dass du das zu jeder Zeit und sooft du möchtest wiederholen darfst.

Für eine andere, sehr kraftvolle Art der Reinigung bediene dich der vier Elemente. Jedes Element hat dabei seine ganz eigene reinigende Wirkung. Um deinen Körper nicht nur gedanklich, sondern spürbar von allen schlechten Energien zu befreien, stelle dich zum Beispiel bei nächster Gelegenheit unter die Dusche. Wasser ist ein unglaublich starkes Element. Wasche dich gründlich, bis du dich wohlfühlst. Neige am Ende deinen Kopf etwas nach vorn, sodass dein Nacken freiliegt. Lasse nun den Wasserstrahl gezielt auf diese Stelle treffen, denn gerade der Nacken ist ein Bereich an deinem Körper, an dem negative Energien sehr leicht andocken können. Schließe die Augen, und mache dir wieder die Kraft deiner Gedanken zunutze. Während das klare Wasser von deinem Nacken über deinen Rücken fließt, stelle dir vor, wie jeglicher Schmutz und alles Negative von dir weggespült werden. Visualisiere es. Sieh zu, wie die dunkle Energie vom Wasser weggetragen wird, und sauge die reinigende und mächtige Kraft des Wassers in dich auf. Rufe auch hierbei gern Erzengel Michael hinzu. Er wird sich freuen, dich zu unterstützen.

Das waren nun zwei sehr einfache und doch überaus effektive Arten, wie du deinen Lichtkörper wieder sauber bekommst. Doch sei dir gewiss, dass es noch unzählige weitere Formen der energetischen Reinigung gibt und deiner Vorstellungskraft hier keine Grenzen gesetzt sind. Erschaffe dein eigenes Ritual zur inneren Reinigung. Lasse Bilder entstehen, bei denen du dich wohlfühlst.

Und wenn du im Sommer einmal die Möglichkeit hast, wasche dich in einem klaren Bach. In dieser Kulisse kommen noch sehr viel mehr lichte Wesen zu deiner Unterstützung: Waldelfen, Nymphen und die heiligen Feen.

Gehe gereinigt in den Tag!

Reinigung mit den ELEMENTEN, Tönen und Rauch

Du hast gelernt, deinen Lichtkörper und deinen Geist zu schützen und zu reinigen, und ich wünsche dir von Herzen, dass dies zu einem festen Ritual in deinem Leben wird. Das Kapitel »Reinigung« lässt sich aber auch noch ausweiten, und zwar auf Gegenstände, Räume, Häuser, ja, sogar auf ganze Gebäudekomplexe. Und du wirst gleich verstehen, warum auch das so wichtig ist.

Negative Energien werden überall auf der Welt freigesetzt. Das heißt, sie können sich auch überall auf der Welt ablagern. Etwas Dunkles, Schweres muss nicht direkt an uns selbst hängen, damit wir es spüren. Es kann durchaus sein, dass sich durch viel Streit in einem Haus eine dunkle Wolke aus geballter Aggression über den Hausfrieden legt. Diese hängt in der Luft, in den Mauern, in den Decken, und sie kriecht in Schränke und finstere Winkel oder auch hinter Vorhänge.

Das ist jetzt natürlich sehr bildlich gesprochen, hat aber einen Sinn. Ich möchte dich dahin gehend vorbereiten und trainieren, dass du die Geistige Welt um dich herum in innerlichen Bildern wahrnehmen lernst. Der Gedankenfunke, du erinnerst dich?

Nun, um so eine dicke dunkle Wolke loszuwerden und wieder wahren Frieden in dein Haus einkehren zu lassen, gibt es mehrere Möglichkeiten. Eine sehr effiziente ist es, eine Räucherung vorzunehmen. Räuchern geht eigentlich sehr einfach, hat aber eine immense Wirkung. Dazu braucht man in der Regel nicht viel. Ein kleines Räucherstövchen wäre von Vorteil, in das man ein Teelicht stellt und darüber ins Sieb einige besondere Kräuter legt. Hierzu gibt es unendlich viel Literatur. Falls dich diese Form anspricht, lies dich gern in die Kräuterkunde und Räucherkunst ein. Denn für jedes »Wehwehchen« ist ein Kraut gewachsen. Dafür hat das Universum liebevoll gesorgt.

Für den Anfang reicht es aber, wenn du etwas Weihrauch in eine Duftlampe legst oder wenn du dir (mein Favorit) ein kleines Bündel Weißen Salbei besorgst. Dieses kannst du direkt anzünden, bis es schön vor sich hin glost. Anschließend gehst du damit von Raum zu Raum, beginnend bei der Eingangstür. Wenn du in einem Haus wohnst, beginne unten im Eingangsbereich, und arbeite dich von dort aus bis ganz nach oben. Geräuchert wird üblicherweise bei geschlossenen Fenstern, doch wenn es für dich zu drückend ist, kannst du sie auch gleich öffnen, anstatt erst am Ende zu lüften.

Denke auch bei der Hausreinigung stets daran, dich im Vorhinein selbst zu schützen, denn mitunter holst du richtig starke Energien aus der Substanz, und diese sollen am Ende ja verschwinden und sich nicht nur einen neuen Wirt suchen. Bei einer Reinigung, egal, ob von Körper, Zuhause oder Gegenständen, ist immer Erzengel Michael anwesend. Lade ihn mit einer Bitte ein, und arbeite mit ihm.

Führe, wenn du startest, in jedem Raum zwei Bewegungen mit zwei Gedanken aus. Schwenke den Arm mit deiner Duftlampe oder dem rauchenden Salbeibündel in der Hand erst *gegen* den Uhrzeigersinn in einer großen Kreisbewegung. Eine Linksdrehung löst Dinge. Es lockert sie auf, holt sie aus der Versenkung. Stelle dir hierzu vor, wie deine Hand zusätzlich ein violettes Band der Reinigung in diesem Kreis hinter sich herzieht. Befördere mit diesem violetten Lichtband alles Schlechte nach oben, wo du es den Engeln übergibst, damit sie es auflösen. Als Nächstes bewege deinen Arm *im* Uhrzeigersinn, und lasse gedanklich einen heiligen Goldregen niederfallen, der den Raum und das ganze Haus bzw. die Wohnung mit friedlicher Glückseligkeit erfüllt.

Wenn du mit der Reinigung eines Raumes fertig bist, öffne das Fenster, und gehe in den nächsten Raum. Diese Form der Reinigung kannst du zu jeder Zeit und beliebig oft durchführen. Reinige aber am besten dann, wenn niemand zu Hause ist, damit du dabei auch die nötige Ruhe hast. Außerdem ist der Rauch nicht jedermanns Sache, daher solltest du das Haus bzw. die Wohnung gut lüften, ehe die Familie heimkommt.

Falls du nicht sofort Zeit für eine Räucherung oder das passende Räucherwerk zur Hand hast, kannst du auch erst einmal mit etwas Leichterem beginnen. Räuchern kommt aus dem schamanischen Bereich und ist von der Energiequalität her sehr schwer. Die reinen Elemente Wasser und Feuer sind hingegen sehr viel höher und daher feiner schwingend. Mit ihnen kannst du eine sanftere Art der Reinigung durchführen.

Bereite mit dem Gedanken der energetischen Reinigung einen Wassereimer vor, um den Boden zu wischen. Durch deine bewusste, liebevolle Absicht weihst du das Wasser bereits. Füge, wenn du kannst und willst, ein paar Tropfen ätherischer Öle hinzu. Es gibt besondere Reinigungsmischungen, die ein angenehmes Gefühl in dein Haus holen. Unterschätze niemals die Wirkung von Düften und Ölen. Sie sind mächtig und können dir eine große Hilfe sein.

Während du nun dein Haus mit dem liebevoll geweihten Wasser putzt, reinige es nebenbei auch gedanklich. Es wirkt, ich verspreche es dir. Zünde in jedem Raum eine Kerze oder ein Teelicht an, denn eine Flamme segnet den Raum.

Für den Abschluss empfehle ich dir etwas ganz Besonderes: Lasse das Lied *An der schönen, blauen Donau* von Johann Strauss laufen, so laut, wie es dir möglich ist. Die Klänge sollen durch alle Räume dringen können.

Was hat es mit diesem Lied auf sich? Das ist sehr spannend und etwas, was ich selbst auf meinen vielen Begegnungen mit verschiedenen Lehrmeistern gelernt habe. Hier bewegen wir uns in die nächste Stufe der energievollen Reinigung: Musik und Töne, um genau zu sein.

Schlage einen Ton an, und du bringst damit die Luft um dich herum in einer bestimmten Frequenz zum Schwingen. Über Töne und Musik berichte ich dir ein andermal noch sehr viel mehr. Für den Moment ist nur wichtig, zu wissen, dass in der Tonabfolge dieses speziellen Liedes eine ganz besondere Kraft liegt. Es werden so viele Töne in einer magischen Abfolge angeschlagen, dass sie die Luft, die Umgebung, alles um dich herum in einer wunderbar reinigenden

Frequenz zum Schwingen bringen. Nimm dir ein paar Minuten Zeit, und lausche den Klängen. Lasse dich beflügeln, und sieh, wie die Musik alles Schwere, Festgefahrene, Traurige und Schlechte durch die Fenster aus deinem Haus trägt.

Klingt wie im Märchen, oder? Ist es auch, wenn du verstehst, dass das ganze Leben dein eigenes Märchen ist. Du schreibst es. Und du hast dazu ein unendliches Spektrum an Möglichkeiten zur Verfügung.

Um nun das Kapitel »Reinigung« abzuschließen, möchte ich dir noch eine Sache ans Herz legen: Jeder Gegenstand nimmt die Energie seines Trägers auf. Seines Erzeugers. Wenn du dir beispielsweise einen neuen Pulli kaufst, trägt er die Energie aus der Fabrik, die Energie der Schneiderinnen, der Färberinnen, der Transportleute. Jeder, der damit in Berührung kommt, hinterlässt seinen energetischen Fingerabdruck darauf. Darum ist es wichtig, neue Gegenstände, die du dir zulegst, die du geschenkt bekommst, und ganz besonders auch jene, die dir vererbt werden, erst einmal gründlich zu reinigen, ehe du sie verwendest.

Stecke sämtliche neue Kleidung in die Waschmaschine. Wasser, egal, wie und wo, reinigt auf wundersame Weise. Wasche auch harte Gegenstände unter dem Wasserhahn, und/oder halte sie für einige Sekunden über eine Kerzenflamme. Genau wie Wasser reinigt auch Feuer jedes Schmuckstück, jedes Paar Schuhe, jedes Dekostück, das du dir ins Haus stellst. Führe auch bei neuen Autos, besonders bei gebrauchten Modellen, eine gedankliche Reinigung durch. Nimm dir bitte genügend Zeit dafür.

Wenn du Erbstücke bekommst, ist es ganz besonders wichtig, die Energie des Vorgängers zu neutralisieren, da du andernfalls Gefahr laufen kannst, seine Eigenschaften, seine Charakterzüge, ja, sogar seine körperlichen Beschwerden zu übernehmen. Sei vorsichtig, was du in deinen Lichtkörper aufnimmst. Du kannst Gegenstände auch für mehrere Stunden in die direkte Mittagssonne legen, um sie mit einer neuen Energie aufzuladen. Die Kraft der Sonne ist gewaltig – und über die Wirkung und Bedeutung von Licht muss ich gerade wohl nichts mehr sagen. Aufladen kannst du bestimmte Dinge wie Schmuck und Edelsteine auch mit dem Licht des Vollmonds.

Segne alle Dinge, indem du sie reinigst. Bitte auch den Himmel und die Engel in ein paar wenigen Worten darum, diese Dinge für dich zu segnen. Ganz besonders dein Essen. Und bedanke dich gleichzeitig für ihre Hilfe und alles Gute, das sie dir bringen.

Schlage einen Ton an, und du bringst damit die Luft um dich herum in einer bestimmten Frequenz zum *Schwingen.*

8

Schutzengel

Lasse uns jetzt einmal über die stärksten Begleiter reden, die wir haben: die Engel. Neben ihnen gibt es natürlich noch eine Vielzahl anderer Schutzbegleiter für jeden Einzelnen von uns, doch Engel sind etwas Heiliges, und darum möchte ich auch mit ihnen beginnen.

Es gibt im Reich der Engel eine Hierarchie, in der die Erzengel, die Boten, die Wünscheerfüller sowie all unsere Schutzengel und noch viele andere Engelwesen aufgereiht sind, doch darauf möchte ich nicht näher eingehen. Es reicht, zu wissen, dass es eine Schar an himmlischen Lichtwesen gibt, die dir wohlgesonnen sind und dich bestmöglich unterstützen möchten.

Engel und Seelen sind unterschiedliche Wesen, darum wird vermutlich auch niemals ein Engel als Mensch wiedergeboren oder ein Mensch zu den Engeln aufsteigen. Ich sage hier ganz absichtlich »vermutlich«, weil natürlich auch trotz gewisser Regeln alles möglich ist und ich niemals von vornherein etwas ausschließe, egal, was es sein mag. Den Unterschied zwischen Engel und Seele sollst du aber trotzdem verstehen, um zu begreifen, warum die Engel uns helfen wollen, und vor allem, wie.

Während die Seele ein Geschöpf ist, das sich durch viele Jahrtausende hindurch immer weiterentwickelt und dazu viele Inkarnationen auf der Erde oder in anderen Welten durchlebt, bleibt ein Engel über all die Zeit in seiner ursprünglichen Existenz. Ich kann mir vorstellen, dass auch Engel als Lichtwesen eine bestimmte Form der Entwicklung durchmachen, doch darüber fehlt mir leider das Wissen.

Die Aufgabe einer Seele ist es vorwiegend, Erfahrungen zu sammeln, sich selbst immer wieder zu erkennen und zu finden und am Ende die bestmögliche und reinste Version von sich selbst zu sein, die sie sein kann. Allein wären wir mit dieser Aufgabe verloren. Aber um all das schaffen zu können, wurde uns das Engelvolk als Begleiter und Beschützer zur Seite gestellt. Seine Hilfe wird uns jeden Tag wieder angeboten, doch es liegt an uns, ob wir diese Hilfe auch wirklich annehmen wollen. Oft fehlt uns dazu der Glaube. Wir bitten nicht um ihre Hilfe, und sie können ohne unser Einverständnis nicht einschreiten. Der freie Wille wird bei unserer Entwicklung über alles gestellt. Und darum kämpfen wir uns oft so verbissen allein durchs Leben, obwohl es eigentlich viel einfacher gehen könnte. Alles, was es braucht, ist ein kleiner Vertrauensvorschuss. Weißt du noch?

Engel schwingen in einer sehr, sehr hohen Frequenz. Eine, die es uns nicht erlaubt, sie sehen, hören oder anfassen zu können. Aber genauso, wie wir einen Windhauch spüren oder auch den Druckunterschied um uns herum wahrnehmen, wenn das Wetter umschlägt oder wir vielleicht einen Berg hinauffahren, können wir Engel in ihrer Erscheinung wahrnehmen. Es ist ein Gefühl tief in uns drin. Da wir nichts Vergleichbares kennen, ist es oft unmöglich, eine Beschreibung dafür zu finden. Aber in uns wissen wir, dass es die absolute Wahrheit ist. Und glaube mir, von einem Engel berührt zu werden, ist eines der schönsten Gefühle der Welt.

Jeder von uns hat bereits vor seiner Geburt seinen ganz persönlichen Schutzengel zur Seite gestellt bekommen. Dieser ist vom ersten bis zum allerletzten Atemzug bei uns und behütet uns, so gut er kann. Wenn dein Engel merkt, dass du im Begriff bist, eine falsche Entscheidung zu treffen oder einen falschen Schritt zu tun, wird er alles daransetzen, dich in eine andere Richtung zu lenken. Dazu hat er unendlich viele Möglichkeiten, und er wird alles versuchen. Ob du aber darauf hörst, ist eine andere Sache. Und wenn du ein schlechtes Bauchgefühl hast und es ignorierst, weil dich der Verstand oder das Ego vielleicht zu stark zu einer falschen Entscheidung verführen, dann liegt das in deiner eigenen Verantwortung.

Viel zu oft machen es sich die Menschen leicht und geben gedankenlos und ungläubig ihren Engeln die Schuld, wenn etwas schiefläuft. »Warum hat er mir denn nicht geholfen, wenn ich doch angeblich einen Schutzengel habe?« Kommt dir der Satz bekannt vor? Nun, ich stelle in dieser Situation gern eine Gegenfrage: »Warum hast du ihn denn nicht vorher darum gebeten?«

Dein ganz eigener Schutzengel steht in jeder Sekunde deines Lebens neben dir und blickt dich voller Liebe an, egal, wie du dich gerade verhältst. Er kann gar nicht anders, als dich zu lieben, weil du vor deiner Geburt eine unfassbar enge Bindung mit ihm eingegangen bist. Stelle dir seine Liebe zu dir so bedingungslos vor wie die Liebe einer Mutter zu ihrem Kind. Natürlich verdreht auch dein Engel manchmal die Augen, wenn er sieht, dass du wieder einmal mit dem Kopf durch die Wand willst. Und vielleicht schmunzelt er auch, wenn dir etwas Witziges passiert, weil er tatsächlich mehr Humor hat, als du ihm möglicherweise zuschreiben möchtest. Aber er liebt dich endlos und ohne Erwartung. Und wenn du deinen richtigen Weg gefunden hast, ist er auch unendlich stolz auf dich.

Dein Engel kann auf viele Arten versuchen, mit dir in Kontakt zu treten. Hilf ihm dabei, indem du jetzt kurz einmal für zwei Sekunden die Augen schließt und ihn mit einem stillen »Hallo« und vielleicht einer gedanklichen Umarmung begrüßt. Damit reaktivierst du für dich ganz persönlich dieses enge Band, das du mit deinem Schutzengel geknüpft hast, und die Hilfe und die Informationen, die er für dich hat, können viel einfacher fließen.

Du kannst dich mit jedem Anliegen an ihn wenden, egal, wie unscheinbar oder auch absurd es für dich wirken mag. Er wartet nur darauf, endlich von dir in dein Leben eingebunden zu werden. Er liebt die Aufgaben, die du ihm stellst. Denn das ist dein ganzes Leben lang seine Bestimmung. Und wenn er nichts zu tun hat, können 70, 80, 90 Erdenjahre auch für einen Engel schon mal etwas langweilig werden.

Verstärke das Band mit ihm, indem du zulässt, dass er seine Flügel um dich legt und dich so in seinen heiligen Schutz einschließt. Stelle dir diesen Moment immer wieder vor. Lasse dich fallen, und sei bereit, unendlich geliebt zu werden. Und am Ende bedanke dich immer für seine Unterstützung, für seine Liebe zu dir und hin und wieder auch für seine Geduld. Denn wir wissen alle, dass wir manchmal ganz schön schwierig sein können, oder nicht?

Nimm deinen Schutzengel mit, wo immer du hingehst. Bitte ihn auch schon mal ein paar Tage vor einer bestimmten Herausforderung um seine Hilfe, damit er genug Zeit hat, alles in die Wege zu leiten. Lege nachts deine Arme um ihn und deinen Kopf auf seine Brust, und schlafe behütet ein. Und falls einmal etwas nicht so klappen sollte, wie du dir das wünschst, obwohl du deinen Engel ausreichend früh darum gebeten hast, dann sei nicht traurig. In so einem Fall wusste dein Engel es einfach besser, weil er das große Ganze im Blick hat. Du wirst zum richtigen Zeitpunkt merken, warum es anders kommen musste als erhofft. Manchmal dauert es eine Weile, bis wir verstehen, warum es genau so oder anders passierte. Die Erkenntnis kann mitunter wunderschön sein. Vertraue darauf, dass dein ganz eigener Engel deinen Lebensplan kennt. Du hast ihn mit ihm durchgesprochen, ehe ihr euch gemeinsam in dieses Abenteuer gestürzt habt. Deine Aufgabe ist es, dich an deinen Lebensplan zu erinnern und ihn zu verwirklichen. Die Aufgabe deines Engels ist es, dir dabei zu helfen.

An dieser Stelle möchte ich dir ein Buch ans Herz legen, das ich vor einigen Jahren mithilfe der Engel und noch eines anderen, großen, liebevollen und kräftigen Lichtwesens geschrieben habe. Diesem Lichtwesen wirst du bereits auf der ersten Seite begegnen. Das Buch heißt: *Die Kleine Seele und ihr großes Abenteuer.* Du bekommst in dieser Geschichte viele Antworten auf die großen Fragen zwischen Himmel und Erde. Und vielleicht gibt es dir sogar ein klein wenig Vertrauen zurück.

Nimm deinen *Schutzengel* mit, wo immer *du hingehst.*

9

Aussehen und Name deines Engels

In diesem Kapitel möchte ich eine Frage beantworten, die schon unzählige Male von unzähligen Menschen gestellt wurde.

Wie sieht denn ein Engel aus?

Nun, es gibt viele Bilder von ihnen, gezeichnet von Menschen, die eine Engeloffenbarung hatten, oder von jenen, die sie in sich selbst wahrnehmen können. Manchmal sehen sie sehr menschlich aus und manchmal auch einfach nur wie das Strahlen, das du siehst, wenn du direkt in die Sonne blickst. Wieder andere nehmen sie als lichte Wesenheiten mit Flügeln wahr oder in völlig anderer Gestalt.

Aber sehen sie wirklich so aus? Wie Menschen? Wie die Sonne? Wie eine mächtige weiße Taube?

Die Wahrheit ist, ich weiß es nicht. Aber die Wahrheit ist auch, dass alles davon stimmt. Denn genau so, wie sich ein Engel dir ganz persönlich offenbart, genau so will er, dass du ihn siehst. Er hat diese Form mit absoluter Liebe zu dir und mit sehr viel Bedacht gewählt. Es ist in diesem Moment nicht wichtig, ob er in seiner reinsten Form wirklich so aussieht. Wichtig ist nur, dass er ganz speziell für dich ein Bild geschaffen hat, mit dem du arbeiten kannst. Eine Gestalt, die du mit deinem Verstand begreifen kannst und die auch gleichzeitig ein angenehmes Gefühl in dir auslöst.

Wenn sich dein Engel in Form eines Kindes zeigt, dann vielleicht deswegen, weil ein Kind für dich die absolute Unschuld bedeutet. Und wenn er sich als kräftiger junger Mann mit einem schiefen Grinsen und mächtigen Schwingen zeigt, dann halte dich selbst nicht für verrückt. Denn dann macht er auch das aus einem Grund. Er wird immer die Form wählen, in der du selbst ihn am besten wahrnehmen und annehmen kannst. Solange du dir bewusst machst, dass diese Erscheinung nur durch die Liebe zu dir gewählt wurde und er in seiner reinen Form immer noch anders aussieht, ist alles gut. Nimm es an. Es ist sein Geschenk an dich.

Die nächste Frage, die dir vielleicht auch auf dem Herzen brennt, mag lauten: »Hat mein Engel auch einen Namen?«

Ja, den hat er. Doch da die Engel nicht auf der Erde leben und auch nicht unsere Sprache verwenden, klingt und schwingt ihr Name meist auf eine Weise, die wir mit unserem Verstand nicht erfassen können. Vielleicht ist der Name deines Schutzengels nur ein Geräusch oder eine Melodie. Vielleicht ist er der gesungene Ton einer ganzen Engelschar. Für uns würde er vermutlich wunderschön klingen, doch ihn auszusprechen wäre unmöglich. Um aber mit den Engeln arbeiten zu können und uns dabei die Sache nicht allzu schwer zu machen, wurde uns erlaubt, ihnen Namen aus unserer Welt zu geben, die in der Klangfolge ähnlich schwingen wie ihr wahrer Name. Jede Klangfolge, jeder Ton, jede Melodie bewirkt mit ihrer Schwingung etwas Großes, Eigenes. Kennt man den Namen eines Engels, kann man ihn leichter herbeirufen. Dies gilt für die Erzengel und die vielen anderen Unterstützer genauso wie für deinen persönlichen Schutzengel.

Um nun seinen Namen zu erfahren, nimm dir einen stillen Moment. Lasse dich dabei um Himmels willen nicht von außen ablenken, denn dafür ist diese Sache zu wichtig. Wenn du nun, wie im letzten Kapitel beschrieben, in dich gehst und das Band zu deinem Engel mit Licht aufladst, bitte ihn darum, dir einen Namen zu nennen, mit dem du ihn rufen darfst. Dies kann sowohl ein völlig alltäglicher Erdenname sein als auch einer, den du noch nie im Leben gehört hast. Egal, welchen Namen du bekommst, frage dich nicht, ob du ihn vielleicht nur selbst erfunden hast. Nimm die Antwort, die du in dir erhältst, einfach als absolut und gegeben hin.

Es mag dir vielleicht so erscheinen, als hättest du den Namen nur gewählt, weil du ihn möglicherweise ein paar Tage zuvor irgendwo gehört hast. Das kann durchaus sein. Doch selbst dann ist er richtig, weil dir dein Engel in liebevoller Gnade genau diesen Namen kurz zuvor im Leben hat nennen lassen, damit er dir genau heute wieder einfällt. Zeit, so wie wir sie kennen, existiert nicht in der Welt hinter den mystischen Schleiern. Engel können in unserer Zeit vor- und zurückspringen, wie es ihnen beliebt. Darum ist so ein »Zufall« durchaus möglich.

Sieh dir nun den Namen genauer an. Schreibe ihn in Gedanken auf. Betrachte die Buchstaben, die Farbe, in der du ihn siehst. Höre die Schwingung darin. Kannst du fühlen, wie dieser besondere Name mit genau derselben Energie schwingt wie dein Engel? Kannst du dir vorstellen, ihn mit diesem Namen herbeizurufen, wenn du ihn brauchst, oder auch nur, um dich ein wenig mit ihm zu unterhalten?

Wenn du dieses wunderbare Gefühl nicht in dir spürst, dann hast du den Namen vielleicht noch nicht ganz richtig verstanden. Du darfst es dann gern noch einmal versuchen. Und sollte es zwischen dir und dem Engelnamen vielleicht doch einfach nicht »klicken«, dann bitte deinen Engel liebevoll darum, ihm selbst einen Namen geben zu dürfen. Er wird dir diesen Wunsch nicht verwehren und sich über jeden Namen freuen, den du ihm geben möchtest. Wähle aber mit Bedacht. Der Name sollte die Schwingung deines Engels tragen. Es kann sein, dass du einige ausprobieren musst wie bei einem Puzzle, bis das richtige Teil, der richtige Name, endlich gefunden ist.

Sobald du den Namen deines Engels bekommen oder gewählt hast, behalte ihn in jedem Fall für dich. Sprich ihn nur aus, wenn du allein bist, denn der Name eines Wesens ist machtvoll, und du willst niemand anderem die Macht verleihen, deinen Engel für seine Zwecke zu sich zu rufen. Behüte den Namen mit Liebe und Respekt für deinen Schutzengel. Er wird es dir danken.

10

Seelen BEGLEITER

Da du nun bereits das liebevolle Band zu deinem Schutzengel neu mit Licht und deiner Liebe erfüllt hast, um es im Folgenden immer weiter zu kräftigen, möchte ich noch eine Weile bei den Lichtwesen bleiben und dir von den vielen anderen Begleitern berichten, denen du in diesem Leben schon begegnet bist oder noch begegnen wirst.

Mit deinem Schutzengel bist du bereits vor deiner Geburt eine enge Bindung eingegangen, die über dein ganzes irdisches Leben halten wird – egal, was kommt. Dieser Engel wird bei dir sein und über dich wachen, bis du den letzten Atemzug getan hast und dich von ihm wieder zurück ins Reich der Seelen begleiten lässt. Allerdings ist er bei Weitem nicht das einzige Lichtwesen, das dir Schutz und Führung geschworen hat. Aus der spirituellen Welt kennen wir eine unnennbare Zahl an weiteren Lichtwesen, die es sich mitunter in ihrer eigenen Existenz zur Aufgabe gemacht haben, anderen Wesen ihre Unterstützung anzubieten. Sie schwingen ebenso wie die Engel in einer Frequenz, die für uns nicht sichtbar, doch sehr wohl spürbar ist. Manchmal sind es andere Engel, Elfen, Wichtel, Krafttiere, Elben und Feen oder auch andere Seelen, die zum jetzigen Zeitpunkt nicht auf der Erde inkarniert sind. In jedem Fall sind es mächtige Lichtwesen, die genau dich zu diesem Zeitpunkt als ihren Schützling ausgewählt haben. Auch diese Vereinbarung kann mitunter schon vor deiner irdischen Geburt mit deinem Einverständnis getroffen worden sein. Manchmal entscheiden die Lichtwesen aber auch spontan, dich ein Stück zu begleiten, weil sie sehen, dass sie dir mit ihrer besonderen Kraft und Stärke in einer bestimmten Situation weiterhelfen können.

Wer genau dich begleitet, wann und wo, das kannst du für dich selbst erspüren. Schließe die Augen, und öffne dein Herz. Was ist der erste Gedanke, das erste Bild und das erste Gefühl, den oder das du bekommst? Der erste Impuls ist meist der richtige.

Viele Menschen sprechen von Geistführern, wenn sie über diese machtvollen Wesen reden, da es große Geister sind, die dir hier ihre Führung anbieten. Ich persönlich nenne sie lieber Seelenbegleiter, einfach, weil jedes Wort, jeder Name eine Schwingung trägt und diese Bezeichnung mehr mit meiner eigenen in Einklang schwingt. Du kannst sie nennen, wie immer du möchtest. Deiner Fantasie sind keine Grenzen gesetzt. Und deine Begleiter freuen sich über jede noch so kleine Zuwendung von dir. Ihnen hier einen Namen zu geben, ist bereits so mächtig wie das erste *Hallo,* das du in den Raum hinausrufst.

Seelenbegleiter können über einen kurzen oder auch langen Zeitraum an deiner Seite sein. Manchmal auch ein ganzes Leben lang. Wenn du die Schwingung deiner einzelnen Begleiter einmal wahrgenommen hast und vielleicht auch lernst, sie alle zu unterscheiden, kannst du nach einer Weile sehr genau spüren, ob sie noch neben dir gehen oder ob du bereits einen Punkt erreicht hast, an dem du sie nicht länger brauchst. Dann ziehen sie sich zurück, und es treten wieder neue Seelenbegleiter an dich heran.

Begrüße sie alle herzlich in deinem Leben, und bedanke dich jeden Tag für ihre Hilfe. Je mehr wahrhaft tiefe Dankbarkeit du empfinden kannst, desto leichter fällt es ihnen, dir den Weg zu weisen.

11

Krafttiere

Deine Beschützer und Seelenbegleiter müssen nicht immer eine menschliche oder engelgleiche Form haben. In vielen Kulturen sind Krafttiere als wundervolle Spirits an der Seite des Menschen, um ihm mit ihrer ganz eigenen Kraft und Eigenschaft in einer bestimmten Situation ihre Unterstützung anzubieten.

Die Liste der Krafttiere ist so lang wie die Liste der realen und fantastischen Tiere selbst. Ich möchte nicht näher darauf eingehen, welches Tier für welche Kraft steht. Dies kannst du in anderen Büchern nachlesen. Manchmal ist es aber auch gar nicht wichtig, zu wissen, welche Eigenschaft solch ein Krafttier – man nennt es auch Spirit Animal – in dein Leben bringt. Allein seine Anwesenheit bringt dir Kraft und Stärke oder wenn nötig auch Ruhe und Linderung in bestimmten Situationen. Stattdessen möchte ich an dieser Stelle mit dir dein ganz persönliches Krafttier für den jetzigen Lebensabschnitt rufen. Das geht am leichtesten in einer kurzen, sehr einfachen Meditation und braucht nicht mehr als fünf Minuten deiner Zeit.

Sorge dafür, dass du nicht gestört wirst. Zünde eine Kerze an, und baue deinen eigenen Schutz um dich auf. Du weißt, wie das geht. Die goldene Decke, die Flügel deines Engels oder deine ganz eigene Form, um nur noch gutes Licht an dich heran- und in dich hereinzulassen. Lehne dich zurück. Mache es dir gemütlich. Solltest du einschlafen, macht das gar nichts. Die Geistige Welt arbeitet auch sehr gern im Schlaf mit dir. Atme nun einige Male tief ein und aus. Luft – der Atem – ist Träger der geistigen Information. Durch den Atem nehmen wir Botschaften »von drüben« auf. Ist doch eigentlich eine sehr schöne Vorstellung, oder nicht? Wir atmen das »gute Zeug« einfach ein.

Wenn du spürst, dass du jegliches Chaos von außen nun abgrenzen und von dir fernhalten kannst, wenn du die innere Ruhe fühlen kannst, dann sende einen Gedanken hinaus. Einen Gedanken an die spirituelle Tierwelt. Wie immer kann das ein einfaches »Hallo« sein. Sende nun ein Gefühl mit. Eine Einladung. Sende aus, dass du bereit bist, dich mit einem Tierwesen zu verbinden. Dass du die Kraft und Weisheit dankbar in Empfang nehmen willst.

Gib dem Ganzen Zeit. Manchmal geht es blitzschnell, und manchmal dauert es eine kleine Weile. Warte ab, und schaue friedvoll zu, wie sich dir nun langsam ein Tier annähert. Betrachte die Umgebung. Wo kommt es her? Was ist es? Wie bewegt es sich? Was macht es mit dir? All diese Dinge ziehen dich tiefer hinein in die spirituelle Welt, und am Ende wirst du dich mehr dort bewegen als dieses Tier sich hier bei dir. Dort ist der Platz, wo du es immer wieder finden kannst, wenn du es in einer bestimmten Situation gern zu dir rufen möchtest.

Stelle eine gedankliche, geistige Verbindung zu dem Tier her. Was will es dir sagen? Was bringt es dir mit? Kannst du dich mit ihm unterhalten? Ob es in deiner Sprache spricht oder nicht, macht keinen Unterschied. Die Botschaft wirst du mit dem Herzen verstehen und in deiner Seele hören. Streichle dein Krafttier. Lege vielleicht die Arme darum, und lehne dich daran an.

Bedanke dich für seine Zeit und das wundervolle Privileg, dass es genau dich ausgewählt hat. Eine wundervolle Freundschaft wird daraus entstehen. Genieße sie. Und schätze sie mit allem, was du bist.

12

Wie spürst du die ANWESENHEIT eines *Lichtwesens?*

Ich wünsche dir von Herzen, dass du bereits angefangen hast, die vielen unterstützenden Lichtwesen in deinem Leben willkommen zu heißen. Begrüße sie, umarme sie in Gedanken, bitte sie um Hilfe und Führung. Um Stille, wenn es laut ist. Um Ruhe, wenn das Chaos herrscht. Sie werden im selben Augenblick auf deinen Gedankenfunken reagieren und dir ihre Kraft zukommen lassen. Allein diese Kraft kannst du bereits innerlich wahrnehmen. Sie geht oft mit einem sehr friedvollen und auch beflügelnden Gefühl einher. Doch ist das alles? Kannst du sie nur auf diese Weise spüren?

Die wunderbare Antwort lautet: Nein. Und ich darf dir nun eine kleine Anleitung geben, wie du sie auch auf einer körperlich(er)en Ebene wahrnehmen kannst.

Immer, wenn du dich mit der Geistigen Welt beschäftigst – schon allein, wenn du dieses Kapitel liest, wenn du mit anderen über diese Dinge sprichst oder wenn du dich bewusst mit deinen Seelenbegleitern und Engeln verbindest –, passiert etwas ganz Fantastisches: Dein Geist öffnet sich. Deine Aura beginnt, noch heller zu strahlen. Du bringst ein Licht in dir zum Leuchten, das nicht nur all die Menschen um dich herum ganz automatisch anzieht wie Schmetterlinge, die im Sonnenlicht tanzen, sondern auch all die magischen Wesen um dich herum.

Wenn du den Impuls mit einer einfachen Begrüßung aussendest, werden sie sich alle in deine Richtung drehen und einen kostbaren Schritt auf dich zu machen. Sie sind hier. Ganz nah. Sehen kannst du sie nicht, aber spüren. Durch ein warmes, herzliches Gefühl. Durch Euphorie. Durch Liebe. Durch Dankbarkeit. Durch Ruhe und inneren Frieden. Manchmal kannst du sie sogar auf deiner Haut oder in deinem Körper spüren. In deinen Gliedmaßen, in deinen Eingeweiden. Wie fühlt sich das an? Und wie geht das?

Nun, um es besser erklären zu können, möchte ich dir beschreiben, wie ich meine Begleiter spüre, wenn sie stark präsent sind. Ich nehme dabei ein intensives Kribbeln in meinen Wangen wahr. Klingt merkwürdig. War es anfangs auch.

Als ich das Gefühl vor vielen Jahren zum ersten Mal hatte, wusste ich noch absolut nicht, was es zu bedeuten hat. Ich war irritiert, dachte, mir schlafe das Gesicht ein, und hatte sogar kurz Angst vor einem Hirnschlag. Ich habe dann versucht, dieses Kribbeln wegzurubbeln, und nach einigen Minuten ist es auch wieder verschwunden. Doch es kam nach wenigen Tagen wieder, und von da an immer öfter. Bis mir zum ersten Mal bewusst wurde, in welchen Momenten das Kribbeln tatsächlich auftrat: Es kam immer dann, wenn ich mich in der spirituellen Welt bewegte. Wenn ich mit Freunden über die Geistige

Welt sprach oder wenn ich mich ganz für mich allein mit meinen Begleitern verband. Ich habe schnell gelernt, zu deuten, warum meine Wangen kribbelten. (Das tun sie übrigens auch jetzt gerade wieder.) Für mich war es eine liebevolle Geste »von drüben«. Ich habe den Lichtwesen mit einer Begrüßung und meinem Respekt gezeigt, dass ich auf sie zugehen möchte, und sie erwidern diese Geste mit einem zarten Streicheln über meine Wangen. Manchmal links, manchmal rechts, und manchmal beide Seiten gleichzeitig. Ich habe herausgefunden, dass mein Schutzengel die rechte Wange und mein tief verbundener Seelenbegleiter die linke Wange bevorzugt. Und wenn noch sehr viel mehr Lichtwesen anwesend sind, die alle etwas zu sagen haben, dann kribbeln eben beide Seiten.

Wenn du dich in den nächsten Tagen und Wochen immer wieder der Geistigen Welt zuwendest und mit deinen Gedanken eine tiefe Bindung zu den vielen Lichtwesen aufbaust, die sich um dich bewegen und mit dir in Kontakt treten wollen, dann achte vermehrt auf körperliche Anzeichen. Die einfachste Form ist eine leichte oder starke Gänsehaut, als würden ihre Finger oder die Federn ihrer Flügel über deine Haut streichen. Egal, wo die Gänsehaut auftritt, erforsche dieses Gefühl. Beobachte, ob es über die nächsten Tage wiederkehrt, an genau derselben Stelle oder vielleicht woanders.

Andere Möglichkeiten sind zum Beispiel ein leichter Druck oder ein Ziehen in einer bestimmten Körperregion. In den Eingeweiden? In den Gelenken? Hinter den Augen? Alles ist möglich! Bei meiner ersten Begegnung mit meinem Seelenbegleiter in einer tiefen geführten Meditation hat sich beispielsweise mein Solarplexuschakra – das gelbe Chakra, das Sonnengeflecht, das sich über dem Zwerchfell befindet – wie in einer Spirale zusammengezogen, und zwar so heftig, dass ich durch das Kribbeln darin laut loslachen musste. Es war ein witziger Moment. Und einer der schönsten meines bisherigen Lebens.

Wenn du noch gar keine Symptome wahrnimmst, dann bitte deine Begleiter ruhig auch einmal darum, dir so ein Zeichen zu schenken. Vereinbart ein besonderes Erkennungszeichen. Dies kann ein rein körperliches Gefühl sein oder auch ein Geruch, den du auf einmal wahrnimmst. Vielleicht auch ein Geräusch in deinem Ohr. Die Möglichkeiten sind unbegrenzt, und jedes Lichtwesen hat seine ganz eigene Art, zu kommunizieren.

Wenn es nicht auf Anhieb klappt, sei nicht traurig. Die Botschaften, die deine Begleiter dir bringen, wirst du mit oder ohne diese äußerlichen Erkennungszeichen ganz tief in dir drin wahrnehmen können und verstehen lernen. Und alles andere kommt mit der Zeit.

Lasse dich von Engeln streicheln.

13

Neubeginn

Wenn du die bisherigen Kapitel mit Bedacht gelesen und die Inhalte in dich aufgenommen hast, dann merkst du vielleicht bereits jetzt eine kleine Veränderung in dir. Gedanken und Gefühle rutschen ganz von allein an den richtigen Platz. Du fühlst dich etwas mehr in deiner eigenen Balance und inneren Mitte. Und eine andächtige Stille legt sich über das laute Chaos.

Du wirst in deinem Leben immer wieder an einen Punkt kommen, an dem du dir denken wirst: »Meine Güte, warum habe ich das nur so lange mitgemacht? Warum bin ich so lange auf der Stelle getreten? Ich hätte es schon die ganze Zeit über anders – besser – machen können.«

Doch die Wahrheit lautet: Nein, das hättest du nicht. Denn du warst zu jener Zeit noch nicht in der Lage, dich anders zu verhalten. Dazu fehlte es dir noch an genau diesem Quäntchen geistiger Entwicklung – oder auch an etwas auf anderer Ebene. Verurteile dich selbst deshalb bitte nicht. Du hast es gut gemacht, so, wie es war. Du hast es genauso gemacht, wie du es konntest. Und das war genau richtig für dich.

Wenn du heute zurückblickst und befindest, dass dies einfach noch nicht die beste Version deiner selbst ist, die du sein könntest, dann lasse den Tag zu Ende gehen, und setze morgen mit dem Sonnenaufgang einen Neuanfang. Feiere ihn! Sieh dich selbst im Licht dieses neuen Tages und wie du zu etwas aufblühst, was du innerlich wertschätzen und aus vollstem Herzen lieben kannst. Sieh dich selbst als diese neue, verbesserte Version von dir. Dies ist ein weiterer Schritt in deinem Leben. In deiner Entwicklung. Auf deinem Weg zu dem lichtvollsten Erscheinungsbild von dir selbst, das in dieser Welt möglich ist.

Zünde zur Feier dieses besonderen Tages, dieses Neubeginns, eine Kerze an, und rufe all deine lichtvollen Begleiter herbei. Lasse sie an der Feier teilhaben, und sieh ihnen zu, wie sie in deinem Namen tanzen. Denn sie freuen sich mit dir über diesen wundervollen Schritt nach vorn. Um symbolisch zusätzlich alten Ballast abzuwerfen und dich mit jeder Zelle deines Körpers auf diese nächste Ebene in deinem Bewusstsein zu erheben, kann es sich gut anfühlen, einige Dinge in deinem physischen Leben zu entrümpeln. Vielleicht sortierst du deinen Kleiderschrank aus und schaffst Platz für Neues. Vielleicht möchtest du den Keller oder Dachboden von uralten Dingen befreien, die du schon seit Jahren unnötigerweise mitschleppst. Oder vielleicht willst du auch nur deinen Computer von alten Dateien und dein E-Mail-Postfach von längst erledigten Nachrichten befreien.

All diese physischen Dinge tragen dazu bei, auch seelischen Ballast und alte Gewohnheiten abzulegen. Gehe mit jeder Faser deines Körpers, deines Geistes und deiner Seele in diesen neuen Zustand, und bedauere niemals eventuelle Rückschritte. Sie sind nur da, um neuerlich Anlauf für deinen weiteren Weg zu nehmen.

14

WIE sprechen die *Lichtwesen* mit dir?

Fühlst du bereits die höhere Schwingung in dir? Die friedvolle Verbindung zur anderen Welt? Es ist das heilige Band der Anbindung. Über dieses Band zu deinen Schutzwesen und geistigen Begleitern kannst du zu jeder Zeit mit ihnen kommunizieren. Deine Gedanken reichen dafür völlig aus. Aber wie kommunizieren sie mit dir? Du kannst ihre Gedanken und Worte in der irdischen Schwingung ja leider nicht so einfach wahrnehmen, und das wissen sie. Darum weichen sie mit ihren Botschaften auch oft auf Alternativen zum direkten Weg aus. Und Alternativen gibt es viele …

Eine sehr mächtige davon ist es, ein Medium zu bestimmen, das ihre Botschaften leichter empfangen und gezielt an die einzelnen Empfänger weitergeben kann. Und genau das ist es, was ich hier für dich mache. Ich tue nichts weiter, als den Kanal zu spielen. Das Sprachrohr der Lichtwesen in deine Welt.

Dieses Buch zu schreiben, ist meine gesegnete Aufgabe. Ich habe sie erhalten, ich habe sie angenommen, und nun führe ich sie aus. Natürlich könntest du nun denken: Dieses Buch ist für jeden, nicht nur für dich persönlich. Die Botschaften darin sind nicht von deinem Schutzengel eigens an dich gerichtet.

Nun, da irrst du dich aber gewaltig. Komm jetzt einmal ganz in deine Mitte, und denke an den Tag zurück, als dieses Buch zu dir kam. Wie kam das zustande? Warst du gezielt auf der Suche nach Antworten? Oder ist es dir völlig unerwartet und auf wundersame Weise in die Hände gefallen? Nichts geschieht ohne Grund, und alles kommt, wie es kommen soll.

Zufall ist, wenn der Himmel seine Finger im Spiel hat.

Es kann natürlich sein, dass du zum jetzigen Zeitpunkt nicht einmal das ganze Buch für dich brauchst, sondern nur eine winzige Botschaft daraus. Vielleicht nur ein einziges Kapitel, dessen Worte und Informationen deine Welt verändern. Nimm es als Geschenk deiner Seelenbegleiter, und sei dankbar dafür. Und wenn du das Gefühl hast, da sind Menschen in deiner Nähe, die manche Botschaften, die du inzwischen erhalten hast, ebenfalls gebrauchen können, dann sei ein Engelchen für sie, und gib genau diese Informationen an sie weiter. Sie werden dir dankbar sein – die Empfänger genauso wie die geistigen und engelhaften Sender dieser Botschaften. Und wisse: Die Dankbarkeit eines Engels fühlt sich wunderbar an.

Wunderschön effektiv ist es auch, wenn deine Seelenbegleiter auf Musik wie etwa Lieder im Radio zurückgreifen. Sie haben die wunderbare Macht, Zeit zu ihren und somit auch zu deinen Gunsten zu lenken und dir bestimmte Lieder genau zum richtigen Zeitpunkt »ans Ohr zu tragen«. Vielleicht ist der Text des Liedes in diesem Moment wichtig für dich und hilft dir einen Schritt weiter. Vielleicht ist aber auch die Melodie selbst die Botschaft, weil sie dich an einen bestimmten Tag, eine bestimmte Situation aus deiner Vergangenheit erinnert. Und allein der Gedanke daran mag dich vorwärtsbringen.

Hin und wieder hörst du auch Gesprächsfetzen aus Unterhaltungen in deiner Nähe, und es fällt ein Wort oder ein Satz, der dich wie ein Daunenkissen ins Gesicht trifft. Es mag nach Zufall aussehen, doch auch hier wurden gewiss deine Begleiter aktiv. Ohne unseren freien Willen zu beeinflussen – denn das steht ihnen nicht zu –, lenken sie uns subtil an die richtigen Orte, damit wir ihre Worte und Botschaften empfangen können. Wie genau wir auf diese Botschaften hören, entscheiden jedoch wir ganz allein.

Wenn dein Geist schon etwas offener ist und du ihn immer wieder gut trainierst, können deine spirituellen Begleiter aber auch sehr bald anfangen, direkt mit dir zu kommunizieren. Wenn das geschieht, tritt niemand mehr von außen an dich heran, sondern du nimmst die Botschaften in deinem Inneren wahr. Manche Menschen hören tatsächlich die Stimmen der Lichtwesen, und die Nachrichten kommen innerlich als deutliche Worte an. Andere verlassen sich auf körperliche Empfindungen.

Ich selbst arbeite vorrangig mit Bildern. Sie entstehen vor oder vielmehr hinter meinen Augen, direkt in meinem Geist. Manchmal ist es nur ein Bild, oft sind es aber auch ganze Sequenzen wie Minifilme. Die Botschaften kommen dann mit einer solchen inneren Aufrichtigkeit, dass es für mich keinen Zweifel an ihrer Wahrheit gibt.

Wenn es dir ein Herzenswunsch ist, ebenfalls ein so tiefes Band in die magische Welt der Lichtwesen zu knüpfen, dann schicke ihnen diesen Wunsch, und gib nicht auf, deinen Kanal zu trainieren. Anfangs ist er vielleicht noch etwas verstaubt, weil du ihn ja sehr lange nicht genutzt hast, aber wenn du ihn endlich einmal ordentlich durchputzt und von nun an fleißig trainierst, kannst du selbst auch schon sehr bald die tiefe Wahrheit in den Botschaften spüren, die dir geschickt werden.

Vertraue darauf, dass du dazu fähig bist, denn die Veranlagung wurde uns allen mitgegeben. Und die Engel und deine ganz eigenen Seelenbegleiter wollen ja mit dir in Verbindung treten. Um dich dabei zu unterstützen, haben sie dir vielleicht genau dieses Buch in die Hände gelegt. Danke ihnen dafür. Dankbarkeit ist ein guter Weg, den Kanal rein zu halten.

Zufall ist, wenn der Himmel seine Finger im Spiel hat.

15

CHANNELING – eine persönliche Erfahrung

Ich möchte dieses Kapitel gern nutzen, um dir etwas über meine eigene Art der geistigen Arbeit zu erzählen, weil ich denke, dass dir ein Beispiel aus dem realen Leben vielleicht einiges noch besser verdeutlichen kann.

Am Ende des letzten Kapitels habe ich dir nahegelegt, einen Herzenswunsch nach oben zu schicken, wenn du deinen geistigen Kanal freilegen und erweitern willst. Hast du das gemacht?

Einen direkten Wunsch abzugeben, halte ich für unendlich wichtig, denn genau auf diese Weise hat für mich einst der Weg zum Medium begonnen. Ich habe den Wunsch nach oben gesandt, für einige Menschen hier ein »Engelchen« sein zu dürfen, weil ich gern helfe und weil ich oft nicht wusste, wie. Die Möglichkeit dazu wurde mir geschenkt, und der Weg wurde mir gezeigt. Ich liebe es, wenn ich neben einer Freundin oder manchmal auch neben einem Fremden sitze und ganz plötzlich das Kribbeln in meinen Wangen beginnt. Es zieht sich im Folgenden weiter in meine Brust und meinen Bauch, während eine kraftvolle Botschaft für genau diese Person durch mich hindurchrauscht. Das passiert meist dann, wenn diese Menschen dringend eine Antwort auf etwas benötigen, sie selbst diese aber nicht aus der verborgenen Welt empfangen können. In so einem Fall darf ich gezielt ein Kanal sein [illegible] deren Band »nach drüben«.

Obwohl es nur ein klitzekleiner Gedankenfunke eines Lichtwesens ist, den ich in so einem Moment auffangen darf, kommt er mit einer so geballten Kraft, dass ich diese kaum noch »veratmen« kann. Die Botschaft und die Energie dazu nehmen so viel Platz in meinem Herzraum ein, dass ich oft nur noch schnaube wie nach einem Zehnkilometerlauf. Für mich ist dann wichtig, die Information auszusprechen und sie buchstäblich aus mir hinauszubekommen, weil ich sonst das Gefühl habe, ich würde jeden Moment explodieren. Das mag im ersten Moment seltsam und beängstigend klingen, doch in Wahrheit ist es eines der schönsten Gefühle der Welt. Denn diese Energie ist pures Licht und reine Liebe. Und wenn mir so etwas anvertraut wird, wenn auch nur für wenige Sekunden, dann lädt es mich auf himmlische Weise auf wie einen Akku. Die Botschaft, die übersendet wird, ist zwar für jemand anderen bestimmt, doch die Energie darin läuft durch meinen eigenen Körper, und ich kann noch Tage danach von ihr zehren. Sie wirkt wie ein hochkonzentrierter geistiger Energydrink. Ein Zaubertrank. Er verleiht mir ein Glücksgefühl wie nach einer aufregenden Achterbahnfahrt, wenn mein Körper immer noch unter Strom steht und jede Zelle meines Seins kribbelt.

An diesen Punkt kannst auch du gelangen. Erwarte aber nicht, dass es über Nacht passiert. Mein Weg zog sich über Jahre, und es brauchte viele kleine Schritte in die richtige Richtung. Du wirst auf dem Weg oft von der Geistigen Welt geprüft, ob es dir ernst ist. Ob du bei der Sache bleibst und ob du auch nach Rückschlägen wieder auf den lichtvollen Weg zurückfindest. Natürlich wünschen wir uns alle, dass wir nur mit den Fingern schnippen müssen und uns sofortige geistige Erleuchtung trifft. Aber so einfach funktioniert es nicht. Kann es gar nicht. Und es wäre auch nicht sinnvoll. Denn dann wüssten wir alle diese Gabe gar nicht zu schätzen und würden möglicherweise sehr leichtsinnig damit umgehen.

Tatsächlich habe ich schon einige Menschen getroffen, die sehr schnell an dieses Geschenk gekommen sind. Die tiefere Bedeutung und die Verantwortung, die damit einhergehen, blieben ihnen in manchen Fällen jedoch verborgen. Und das mag seinen Grund haben. Wir wissen alle nicht, was der Mensch neben uns zu lernen hat. Und niemand von uns steht jemals am Ende dieses Wegs. Unsere Fehler von heute können wir morgen vielleicht schon wieder ausbessern. Wir lernen. Wir geben unser Bestes. Und morgen legen wir noch ein Schäufelchen obendrauf.

Jeder von uns bekommt eine Chance. Ja, sogar eine zweite, eine dritte und sehr oft auch noch eine vierte, fünfte und vielleicht auch zehnte. Wenn wir allerdings zu lange nicht richtig hinhören und mit Leichtsinn an die Sache herangehen, weil unser Ego dem Seelenplan im Wege steht, kann es passieren, dass die Engel uns diese Gabe auch wieder entziehen. Ich selbst lerne jeden Tag aufs Neue, damit umzugehen. Ich treffe auf Hürden, falle über Stolpersteine, und manchmal ist es gar nicht so leicht, sich hinterher wieder aufzurappeln. Es ist eine ständige Gratwanderung, die du, ich und Tausende andere in dieser dualen Welt vollziehen.

Sei dir gewiss, selbst die höchsten Meister werden immer wieder geprüft. Doch wenn du für den Segen und das starke Band, das du bereits immer weiter in die Geistige Welt knüpfst, demütig und dankbar bleibst, bist du auf dem richtigen Weg. Und die Engel werden dich begleiten.

16

Das eigene ENERGIEFELD und der *ewige Atem*

Darüber, auf wie vielen verschiedenen Wegen die Geistige Welt mit uns kommuniziert, haben wir bereits gesprochen. Eine weitere, ganz unscheinbare Form der Kommunikation bietet ein Element, dem du vielleicht noch gar keine Beachtung geschenkt hast: die Luft.

Die Luft, der Äther, hat all die Informationen der uns vorausgegangenen Leben und Welten in sich gespeichert. Wir atmen ein und aus, und mit jedem Atemzug findet ein unglaublich faszinierender Informationsaustausch statt. Luft ist Information. Atem ist Leben. Je tiefer wir atmen, desto mehr Information aus der Geistigen Welt können wir in uns aufnehmen. Wir saugen all dieses Wissen, all die Botschaften Tag für Tag förmlich in uns ein und wissen es nicht einmal.

Jeder Mensch, jedes Wesen, jeder Körper ist Energie. Wir sind in Bewegung, in Schwingung, und wir tragen ganz viele wichtige Informationen über uns selbst mit uns herum. Sie sind in unserem Energiefeld – in unserer Aura – gespeichert. Wenn wir nun in Kontakt mit einem höheren Wesen treten oder selbst schon ein sehr gutes Gespür für diese faszinierende Welt hinter den Nebeln haben, kann über dieses Energiefeld tatsächlich ganz ohne Worte ein Informationsaustausch stattfinden. Wir nehmen vielleicht nicht alles punktgenau wahr, aber wir empfangen sehr wohl gewisse Eindrücke.

Rufe dir eine Situation in Erinnerung, in der dir jemand sehr oder vielleicht auch zu nahe kam. Du weißt bestimmt, dass jeder Mensch seine ganz persönlichen Distanzbereiche hat. Für Fremde ist er etwas größer, während wir Freunde in der Regel gern näher an uns heranlassen. Verringert jemand diese Distanz gegen unseren Willen oder für uns sehr überraschend, ruft das eine Reaktion in uns hervor. Wir weichen reflexartig zurück, weil diese Person in unseren ganz persönlichen Bereich eingedrungen ist und ihre Energie uns für einen Moment aus der Bahn wirft. Wissenschaftler erklären dies gern mit einer rein körperlichen Reaktion im Gehirn. Alles menschlich, psychologisch bedingt, alles gut begründet. Diese Aussagen beruhen jedoch darauf, dass wir den vermeintlichen Eindringling auch direkt sehen, wenn er uns zu nahe kommt. Was ist aber, wenn wir in diesem Moment überhaupt nichts sehen können und die Energie dennoch wahrnehmen? Ist das nicht der Beweis, dass tatsächlich auch ein Austausch auf geistiger Ebene stattfindet?

Um diese Theorie zu veranschaulichen, mache ein kleines Experiment. Du brauchst dazu nichts weiter als ein paar Freunde oder Familienmitglieder und etwas, was als Augenbinde dient, wie ein Tuch oder eine Schlafmaske. Erkläre den anderen kurz, worum es geht. Schütze dich bitte unbedingt ausreichend auf der geistigen Ebene (denn hier findet gleich ein immenser Energieaustausch statt, und du willst von den anderen nichts annehmen, was nicht für dich gedacht ist). Lasse dir dann die Augen verbinden. Nutze dazu unbedingt ein Tuch oder Ähnliches. Es reicht keinesfalls aus, nur die Augen zu schließen. Und zwar aus folgendem Grund: Du weißt, du kannst sie im Bruchteil einer Sekunde wieder öffnen, und dir kann nichts geschehen. Du gelangst auf diese Weise nicht so tief in die Übung, wie du könntest. Wenn du die Augen hingegen verbunden hast, ist dein Geist darauf angewiesen, deine Sinneswahrnehmung sofort und tiefenwirksam umzustellen. Auf dein Gehör, auf deinen Geruchs- und Tastsinn und auch – und ganz besonders – auf deine Intuition. Sie ist der berühmte siebte Sinn, von dem niemand genau sagen kann, ob es ihn wirklich gibt.

Schon in dem Moment, wenn das Tuch über deine Augen gelegt wird, wirst du merken, wie sich eine Anspannung in deinen Körper schleicht, die dafür sorgt, dass du alles um dich herum bestmöglich wahrnimmst und »im Notfall« blitzschnell reagieren kannst. Gehe noch ein Stück tiefer in dieses Gefühl. Nimm dir zwei oder drei Minuten Zeit, in denen du mit verbundenen Augen einfach nur dasitzt und sonst noch gar nichts passiert. Beobachte, was in dir vorgeht, was mit deinem Verstand und deinem Körper geschieht. Lerne dich selbst auf diese Weise besser kennen. Und dann spüre in deine Aura hinein. Konzentriere dich auf dein eigenes Energiefeld, das dich umgibt. Wie weit reicht es? Wie fühlt es sich an? Kannst du die Grenzen wahrnehmen?

Wenn du so weit bist, soll die Gruppe eine Person auswählen, die nun langsam und leise in deinen intimsten Distanzbereich vordringt. Dies ist ein Radius von etwa 60 cm um deinen Körper. Es macht keinen Unterschied, von welcher Seite die Person sich dir annähert. Wenn du sehr empfänglich bist, wirst du sie schon sehr viel früher erspüren, doch spätestens beim Überschreiten der letzten unsichtbaren Grenze zu dir wirst du die fremde Energie wahrnehmen, denn sie befindet sich nun in deiner Aura. Sage der Gruppe, wann du dir sicher bist, dass du die Person spürst.

Trainiere das öfter, und du wirst schon bald sagen können, wo genau sich diese Person im Raum befindet. Vielleicht spürst du sogar deren Gefühlswelt und kannst erkennen, ob sie gut oder schlecht gelaunt ist. Und irgendwann kannst du die Person sogar blind, rein an ihrem Energiefeld erkennen. Es ist alles eine Frage der Übung, und dies zu erlernen, kann überaus spannend sein.

Lasse uns nun aber noch einmal auf den Atem und die Luft zurückkommen. Wir atmen Information ein und aus. Die Wahrheit und die Botschaften liegen in der Luft. Es findet ein steter Austausch mit der Geistigen Welt statt, auch wenn wir es nicht erahnen oder wahrnehmen. Das ist deren Geschenk an die Menschheit, damit wir auf unserem Weg und auf der Suche von Beginn an niemals wirklich allein oder von der Quelle abgeschnitten sind.

Da du nun um das Geheimnis des Atems weißt, gehe hinaus in die Natur, und atme tief. Atme ein, und nimm dabei bewusst die Präsenz der Geistigen Welt wahr. Sauge sie in dich herein, nimm sie in dich auf. Denke dabei ehrfürchtig und liebevoll an die Abertausend Geschöpfe der mystischen Welt, die sich auf diese Weise mit dir verbinden. Mache sie zu einem Teil von dir, und gib einen Teil deiner selbst mit jedem Ausatmen an die Geistige Welt zurück. Verewige so auch deine eigene Geschichte im Äther.

17

Aktivierung einer früheren INKARNATION

In diesem Kapitel möchte ich dir eine praktische Übung an die Hand geben, die in bestimmten schwierigen Situationen sehr hilfreich sein kann. Sie mag dir aus Krisen helfen oder dir einfach nur ein gutes Gefühl für die jetzige Zeit verleihen. Es handelt sich hierbei um ein heiliges Ritual, das wie bei fast allem anderen auch nur durch einen einfachen Gedankenfunken angestoßen wird.

Bevor wir beginnen, möchte ich dir allerdings noch ein paar Dinge mit auf den Weg geben:

Jeder von uns hat in der einen oder anderen Form schon mehrfach gelebt. Manchmal hier, manchmal auch in ganz anderen Welten. In diesen vorangegangenen Leben hast du Dinge gelernt. Hin und wieder warst du Schüler, hin und wieder auch Lehrer. Vielleicht eine Hohepriesterin, ein Krieger, ein Ritter, ein Elb, eine Nymphe, eine Meerjungfrau oder ein Magier …

All die Erfahrungen, die wir seinerzeit gemacht haben, sind in unserer Seele gespeichert. Sie sind heute gewissermaßen Teil unserer DNA. Der Erfahrungsschatz aus diesen früheren Leben ist unendlich wertvoll, und wir können ihn direkt in uns anzapfen. Wie das geht, erkläre ich dir gleich. Doch erst musst du für dich selbst durch »Erfühlen« herausfinden, welche große Kraft, die in dir schlummert, dir gerade in deiner Situation hilfreich sein kann. Oft sind es ganz unterschiedliche Kräfte aus verschiedenen vorangegangenen Leben, die wir zu den betreffenden Situationen aktivieren können.

Um die momentan gebrauchte Kraft zu erspüren, schließe die Augen, und stelle dir vor, wie du dir selbst gegenüberstehst. Betrachte dich – äußerlich wie innerlich. Vielleicht siehst du dich selbst als Ninjakämpfer oder als Burgfräulein aus dem Mittelalter. Oder vielleicht siehst du auch nur einen einfachen Jungen oder ein unscheinbares Mädchen vor dir. Du wirst einen Gedankenimpuls empfangen. Sei dir sicher, der erste Impuls, den du hast, ist zu hundert Prozent der richtige, selbst wenn dir das gerade merkwürdig vorkommen mag.

Egal, was du siehst, lasse diese Vorstellung zu, und gehe noch tiefer in das Gefühl hinein. Betrachte dich weiterhin, und schaue zu, wie sich dein Erscheinungsbild verwandelt. Wie du auf einmal die Kleidung aus jener Zeit trägst. Wie du vielleicht als Schmied über die Klinge eines mächtigen Schwertes streichst oder als Heilerin Blumen und Kräuter pflückst, wie du als Hirtenjunge das weiche Fell deines Hundes kraulst oder wie du als Druide Misteln für einen mächtigen magischen Trank schneidest.

Alles ist möglich. Alles ist erlaubt.
Weil alles, was du gerade siehst, wahr ist.

Eine meiner präsentesten eigenen Erscheinungen ist beispielsweise eine Avalonische Fee. Ich arbeite ganz oft mit dieser Präsenz und dem emotionalen wie auch geistigen Erfahrungsreichtum dieser jungen Frau, die im endlosen Zeitenrad ja immer noch ein Teil von mir ist. Ich kann ihr dunkelblaues Leinengewand sehen und beobachten, wie sie mit einer gläsernen Flasche Wasser aus dem heiligen See schöpft. Für mich bedeutet sie Weisheit und Ruhe in Zeiten, in denen in mir das absolute Chaos herrscht. Sie ist nur eine von vielen wertvollen Erfahrungen, die meine Persönlichkeit auch in diesem Leben ausmachen.

Wen siehst du vor dir, wenn du die Augen schließt und nach innen blickst? Wer warst du? Und wie können dir der Erfahrungsschatz und die Persönlichkeit jener Inkarnation heute helfen und dich stärken? Finde es heraus. Mache es jetzt gleich, denn nichts spricht dagegen. Und wenn du die Präsenz dieser Erscheinung vollständig in einem inneren Bild halten kannst, dann bewahre sie für einen Moment dort auf.

Setze dich nun an einen stillen Ort, und zünde eine Kerze an. Platziere die Kerze vor dir auf dem Boden oder in der Mitte des Tisches. Sorge für ausreichend Schutz! Hole dir dazu gern einen mächtigen Engel an deine Seite. Nun schließe die Augen, und lasse die Geister deiner früheren Familie oder deiner Stammesbrüder an dich herantreten. Warst du ein schottischer Krieger in den Highlands, dann sich zu, wie sich dein ganzer Clan um dich versammelt und mit dir um die Kerze herum Platz nimmt. Warst du eine Amazone, dann lade den ganzen Stamm zu dir ein, und schaue dir an, wie sie ihre Schwerter und die Bögen ablegen und sich zu dir setzen. Egal, welche Kraft in dir du anrufst, diese Erscheinung war immer in eine starke Gemeinschaft eingebunden, und aus dieser kannst du heute noch Kraft schöpfen. Es braucht wirklich nichts weiter als bildliche Vorstellungskraft, denn mit diesem einen Gedankenfunken bringst du eine ganze Lawine ins Rollen.

Bleibe still, wenn du spürst, dass dich die Geister der Vergangenheit besuchen. Oder stelle ihnen gern deine Fragen. Sauge ihre Weisheit und Kraft in dich auf. Fühle dich wie damals, als du auch körperlich noch ein wichtiger Teil dieser Gemeinschaft warst. Der Geist der Verbindung schwingt auch heute noch hörbar und klar in deiner Seele nach. Denn eine Seele vergisst nichts. Das ist der Sinn und Zweck all unserer Inkarnationen: Erfahrungen zu sammeln, die uns zu dem machen, was wir heute und morgen und übermorgen sind. Du musst es nur zulassen.

Wenn du für den Augenblick genug Kraft geschöpft und deine Antworten erhalten hast, dann verabschiede dich von deinem Clan, und lasse ihn wieder ziehen. Bedanke dich bei ihm, denn dann wird er auch gern zurückkommen, wenn du ihn noch einmal brauchst.

18

Der *freie* Wille

Ich habe das Thema »freier Wille« in einem früheren Kapitel bereits kurz angesprochen und möchte nun noch einmal tiefer darauf eingehen, damit die Bedeutung dieses großen Wortes auch wirklich klar wird.

Wir wissen, dass eine ganze Schar von Engeln und Beschützerwesen an unserer Seite ist, die alle nur das Beste für uns wollen. Sie wollen uns auf einen Weg führen, der unserem Seelenplan entspricht, denn sie wissen, was wir vergessen haben. Sie wissen, was wir uns für dieses Leben vorgenommen haben. Wohin wir gehen wollen und worin unsere vielen persönlichen Ziele liegen. Wenn sie sich das wirklich für uns wünschen, mögen dir nun Fragen kommen wie: »Warum ist das Leben dann oft so schwer? Warum tragen sie mich nicht einfach dorthin? Warum ebnen sie mir nicht den Weg so, dass ich ihm nur noch blind folgen muss? Was hindert diese liebevollen Lichtwesen daran?«

Die ganz einfache Antwort darauf lautet: unser freier Wille.

Lichtwesen dürfen uns nicht schubsen. Sie können versuchen, uns subtil zu lenken, und uns mit ihrem unendlich weisen Rat zur Seite stehen, doch sie dürfen uns keine Entscheidungen aufdrängen oder abnehmen. Diese sind allein unsere Aufgabe.

Wir alle haben uns dieses Leben, diesen Planeten und diese Dimension für genau diese Inkarnation ausgesucht. Das war bereits unsere erste völlig eigene Entscheidung. Man mag uns vielleicht Ratschläge gegeben haben, doch entschieden haben letztlich wir selbst. Sogar, in welche Familie, in welches Land, in welche politische Lage und in welche Situation wir hineingeboren werden. Erinnern können wir uns hier auf der Erde an diese bewusste Entscheidung natürlich nicht mehr, doch wir haben sie aus einem ganz bestimmten Grund getroffen: Weil wir etwas lernen wollen. Weil unsere Seele eine ganze Reihe von bestimmten Erfahrungen machen wollte, für die wir selbst die Umstände ausgewählt haben. Wir haben unseren Lebensplan ausgetüftelt und geschrieben. Und selbst, wenn wir uns ein schweres Leben ausgesucht haben, haben wir uns damals etwas dabei gedacht.

In diesem Leben steht uns nun von der ersten bis zur letzten Minute der freie Wille als kraftvolles Entwicklungswerkzeug zur Verfügung. Wir sind Herr über unsere Gedanken und unsere Entscheidungen. Entscheidungen sollten wir in jedem Fall immer nur für uns selbst treffen und mit der größtmöglichen Rücksicht auf unsere eigene Seele. Warum das so wichtig ist, erläutere ich im nächsten Kapitel genauer.

Zuerst möchte ich aber einen Irrtum aus dem Weg räumen. Wenn ich vom freien Willen spreche, dann meine ich damit nicht, dass wir auf dieser Welt wirklich alles tun und lassen können, wie es uns beliebt. Natürlich unterliegen wir hier gewissen Gesetzen. Welchen, die von Menschen gemacht wurden, und solchen, die uns die Natur vorgibt. Die Welt ist ein Spielfeld, durch das wir uns frei bewegen können, solange wir die Konsequenzen respektieren. Und darum geht es! Wir haben die Freiheit, über alles selbst zu entscheiden. Doch müssen wir hinterher auch mit den Konsequenzen leben. Beschließt du beispielsweise, bei Rot über die Straße zu laufen, so ist das eine völlig legitime Entscheidung. Eine mögliche Konsequenz könnte allerdings sein, dass dich ein Laster überrollt und das Spiel für dich somit vorzeitig beendet ist. Falls du dich dazu entscheidest, eine Bank zu überfallen, ist eine sehr wahrscheinliche Konsequenz, dass du die nächsten Jahre deines Lebens hinter Gittern verbringen wirst. Und hierin liegt der freie Wille. Nimmst du das Risiko in Kauf? Möchtest du das? Wenn ja, steht dir die Tür dazu offen. Niemand hindert dich daran. Nur die Folgen musst du gegebenenfalls ertragen.

Und so ist es eben auch mit dem freien Willen in der Geistigen Welt. Natürlich könnten dich die Engel dazu drängen, den richtigen Weg zu beschreiten. Sie könnten sich auf eine unwiderlegbare Art zeigen und dich damit zwingen, an sie zu glauben. Doch all das tun sie nicht, weil es für unsere geistige Weiterentwicklung nicht hilfreich, sondern eher hinderlich wäre. Wir würden uns niemals so entfalten können, wie wir es tun, wenn wir selbst entscheiden, welchen Weg wir gehen. Woran wir glauben. Wen wir um Hilfe bitten. Ob wir überhaupt um Hilfe bitten. Ob wir ein liebevoller oder eher ein rücksichtsloser Mensch sein wollen. All das liegt in unserer eigenen Hand.

Aber sei dir einer Sache bewusst, während du deine Entscheidungen triffst. Dein Lebensplan wurde geschrieben. Deine Begleiter wollen dich unterstützen. Und je mehr du es zulässt, desto leichter wird dein Weg. Je mehr du auf der lichtvollen Seite wandelst, desto spannender wird die Reise und desto enger wird das Band zwischen dir und deinen geistigen Beschützern und Seelenführern. Versuche, die bestmögliche Version von dir selbst zu sein, jeden Tag, jede Stunde aufs Neue, dann ist das Leben gar nicht so schwer.

19

JEDER kann stets nur *für sich selbst* entscheiden

Um den Gedanken vom freien Willen fortzuführen, möchte ich einen Moment auf die eigenen Wünsche und Entscheidungen im Gegensatz zu denen der anderen eingehen. Dies ist eine Sache, über die nur wenige Menschen nachdenken, die aber eine unendlich tiefgreifende Konsequenz nach sich zieht.

Der freie Wille erlaubt uns, für uns selbst zu entscheiden. Aber was passiert, wenn wir von einer anderen Person zu einer Entscheidung gedrängt werden, vielleicht durch emotionale Erpressung oder auch durch andere Umstände? Was ist, wenn wir unseren freien Willen »freiwillig« aufgeben und uns dem Willen eines anderen beugen?

Die einfachste Antwort lautet: Dann werden wir krank.

Wir alle haben unseren Lebensplan geschrieben, ehe wir uns auf die Reise in dieses Leben begeben haben. Ein Teil unserer Seele ist inkarniert, der andere Teil ist in der Geistigen Welt zurückgeblieben. Dieser andere Teil von uns weiß immer noch ganz genau, was wir als Ganzes einst vorhatten, und er wacht über unseren kleinen Seelenanteil hier auf der Erde. Zudem wurden all die wundervollen Beschützer wie Engel und Seelenführer als Schiffscrew mit uns auf unser Abenteuer geschickt. Sie wachen ebenso über uns und versuchen, uns subtil auf dem rechten Weg zu halten, denn sie wissen, was wir einst planten.

Wenn wir unserem vorgeschriebenen Lebensplan folgen, all die Punkte passieren und die Lektionen lernen, die wir uns vorgenommen haben, bleiben wir in unserer eigenen Mitte. Das Leben kann uns mitunter trotzdem ziemlich schwer erscheinen, weil wir uns ja auch große Herausforderungen gesetzt haben, doch wird uns nichts begegnen, dem wir nicht gewachsen sind. Wenn wir aber diesen Lektionen ausweichen wollen, wenn wir sie umgehen oder gar ignorieren, weil wir Angst haben oder auch einfach zu bequem sind, zwingt uns unser eigener Lebensplan, der in unserer Seele geschrieben steht, einmal innezuhalten und genauer hinzusehen. Der Seelenanteil, den wir im großen Ganzen zurückgelassen haben, um immer angebunden zu sein, wird uns an das erinnern, was wir uns einst vorgenommen haben. Er wird uns mit allen Mitteln, die er zur Verfügung hat, wieder auf einen Weg lenken, der uns mit unseren Herausforderungen konfrontiert und uns dazu bringt, uns ihnen zu stellen und sie zu meistern.

In diesem Sinne ist es überaus wichtig, dass wir unseren ganz eigenen Lebensplan respektieren und ihn in Liebe annehmen. Wir treffen Tausende und Abertausende Entscheidungen in unserem Leben, und sie alle führen uns entweder weiter auf dem vorgegebenen Weg oder eben weg davon. Wenn wir jede Entscheidung zum Wohle unserer Seele – nicht zu verwechseln mit dem Wohle unseres Egos! – treffen und uns vertrauensvoll leiten lassen, können wir all die Erfahrungen machen, die wir uns vorgenommen haben. Wir können Großes erreichen, und unser Leben wird sich wertvoll und erfüllend anfühlen.

Wenn wir aber anfangen, uns einschränken zu lassen, weil uns andere Menschen, für die unser ganz eigener Seelenplan keine Bedeutung hat, zu Entscheidungen überreden, die für sie gut sind, für uns aber nicht, wird sich unsere Seele dagegen wehren. Sie wird anfangen, in unserem Körper zu rebellieren. Sie wird traurig, wird sich übergangen fühlen und krank werden. Und eine seelische Traurigkeit äußert sich sehr oft als Depression.

Mache deine Seele nicht traurig. Wenn man dich zu Entscheidungen überreden will, die sich in deinem tiefsten Inneren nicht gut anfühlen, dann sind sie nicht für dich bestimmt. Lasse mich dies an einem ganz einfachen Beispiel erläutern, das du auf jede deiner Lebenssituationen übertragen kannst.

Stelle dir vor, du bist 18 Jahre alt, hast gerade die Schule abgeschlossen und willst nun ein Studium beginnen. Deine beste Freundin, die du schon seit dem Kindergarten kennst und die in all den Jahren immer neben dir auf der Schulbank gesessen hat, möchte nun auf eine Uni ganz in der Nähe gehen, um Journalismus zu studieren. Du aber hast dich für eine Uni auf der anderen Seite des Landes entschieden, weil du dort eine medizinische Ausbildung machen möchtest. Alle Pläne sind geschrieben. Und nun kommt deine Freundin weinend zu dir und fleht dich an, nicht zu gehen. Sie überredet dich zum Wohle eurer tiefen Freundschaft dazu, ebenfalls an der Uni mit dem Journalismusangebot zu studieren, da du mit Sprache und Medien schon immer gut konntest, und deine eigenen Studienpläne über den Haufen zu werfen. Du hast sie lieb und willst sie natürlich nicht verlassen. Darum lässt du dich zu einer Entscheidung verleiten, die für dich nicht auf dem Plan stand: Du wirst Zeitungsredakteur. Anfangs ist es noch erträglich, wenn auch etwas schade. Aber ihr beide seid weiterhin zusammen, und deine Freundin ist glücklich. Und was wollen wir denn mehr, als unsere Freunde glücklich zu sehen. Oder?

Nun, über die Jahre merkst du, wie wenig erfüllend du es findest, tagein, tagaus Artikel zu schreiben, die zwar sehr unterhaltsam, aber wenig lebensrettend sind. Du lebst ein Leben, das sich unvollständig für dich anfühlt. Es fehlt etwas, auch wenn du es anfangs vielleicht noch gar nicht benennen kannst. Immer öfter bist du traurig, deprimiert, unglücklich … Und da es Menschen oft schwerfällt, auf Dauer mit anderen auszukommen, die immer nur trübsinnig durchs Leben gehen, weil es sie selbst eben zu schnell herunterzieht, geht am Ende höchstwahrscheinlich auch noch eure Freundschaft in die Brüche. Du hast durch die Entscheidung also rein gar nichts gewonnen.

Es kann dauern, bis das Leben noch einmal eine Weiche für dich stellt und du nach vielen Jahren die zweite Chance bekommst, in einem medizinischen Feld tätig zu werden. Vielleicht diesmal nicht als ausgebildeter Chirurg, aber womöglich machst du eine Ausbildung zum Rettungssanitäter. Du rettest Leben. Und plötzlich blühst du auf. Du fühlst dich lebendig. Du leistest eine Arbeit, die in deinem Seelencode geschrieben steht, und du wirst wieder glücklich. Und am Ende des Tages weißt du, du hättest diese wunderbare Erfüllung bereits vor vielen, vielen Jahren erleben können, wenn du damals die Entscheidung für dich selbst getroffen hättest und nicht zum Wohle einer anderen Person. Die Freundin wäre vielleicht immer noch deine Freundin, weil ihr euch ganz oft in den Ferien gesehen und nach dem Studium vielleicht sogar wieder in derselben Stadt gelebt hättet. Alles wäre ganz anders gekommen. Nicht wahr?

Aus diesem Grund kann und soll jeder Mensch nur Entscheidungen treffen, die ihn selbst angehen. Wenn wir mit einer Situation unglücklich sind, dann müssen wir sie ändern. Das geht aber nur, wenn wir uns selbst ändern, denn allein dazu haben wir das Recht. Erwarte niemals, dass andere Menschen sich für dich ändern oder bestimmte Dinge tun, nur weil du glaubst, dann glücklicher zu sein. Dies gilt auch für unzählige Beziehungen da draußen, in denen es den Menschen so unglaublich schwerfällt, den Partner einfach so anzunehmen, wie er ist und wie er sein will. Oft zwingen wir unseren Partner zu Veränderungen, die uns selbst gefallen und uns guttun. Wie oft hast du selbst schon gesagt: »Wenn er endlich damit aufhören würde …« oder »Wenn sie endlich genau das tun würde, dann wäre ich glücklich, und alles wäre gut«? Aber ist das wirklich so?

Sei vorsichtig, wenn du für andere Menschen Entscheidungen triffst. Du weißt nicht, welchen Seelenplan du damit überschreibst und welche Seele du damit in unendliche Traurigkeit stürzt. Und gleichzeitig lasse dir niemals ein schlechtes Gewissen von jemandem machen, der nicht in deiner Haut steckt und deine Entscheidungen einfach nicht verstehen kann. Niemand muss sie verstehen außer dir selbst. Niemand anderes lebt dieses Leben für dich. Jede Entscheidung, die du für dich selbst triffst, ist eine gute Entscheidung. Wichtig ist nur, niemals eine Entscheidung zu treffen, um damit absichtlich jemand anderen zu verletzen. Das steht in keinem Plan geschrieben.

Dein eigenes Wohl steht an oberster Stelle, denn nur, wenn du selbst glücklich bist, kannst du auch die Menschen um dich herum glücklich machen. Man nennt das einen gesunden Egoismus. Oder noch viel schöner ausgedrückt: die Liebe zu sich selbst. Und du darfst dich selbst lieben, denn dieses Leben wurde dir geschenkt und niemand anderem. Dir allein. Mache für dich das Beste daraus.

Sei trotz allem immer rücksichtsvoll. Den Unterschied zwischen rücksichtsvoller und rücksichtsloser Selbstliebe wirst du in dir erkennen. Höre auf deine Seele. Sie sagt dir, was richtig und was falsch ist.

Niemand anderes lebt dieses Leben für dich.

20

Ungeboren hast du es *bejaht*

Lasse uns noch eine Weile beim Lebensplan bleiben – bei unserem Schicksal. In einem Zustand des lichten Seins, jedoch nicht in einer Inkarnation, haben wir alles Wissen, das wir über die vielen, vielen Leben, die wir hier oder anderswo gelebt haben, in uns gesammelt und können es ganz einfach wie Erinnerungen abrufen. Diese Erinnerungen und Erfahrungen machen uns aus. Sie sind wir.

In diesem wissenden Seinszustand haben wir uns den Lebensplan für die nachfolgende Inkarnation zurechtgelegt und niedergeschrieben. Wir haben den Weg für uns selbst bereitet. Wir haben Verabredungen mit anderen Seelen getroffen, denen wir in diesem Leben als Menschen begegnen wollen. Wir haben uns Meilensteine gesetzt und große Schaffenspläne ausgetüftelt. Wir haben die passende Familie und einen geeigneten Freundeskreis ausgesucht – und selbst wenn diese nicht von Liebe erfüllt sein sollten, haben wir darin einen Sinn gesehen. Sei dir bewusst, dass du damals im allwissenden Seinszustand alles vorausgesehen und für dich selbst die richtigen Umstände geschaffen hast, um all das zu erfahren, was du noch nicht kanntest und lernen wolltest.

Um das zu verdeutlichen, möchte ich dir ein Beispiel aus meinem eigenen Leben geben. Ich wurde in eine liebevolle Familie geboren, in der Kinder, Eltern und Großeltern unter einem Dach lebten. Als ich vier Jahre alt war, musste ich mit meinen Eltern umziehen. Ich musste meine Großeltern und meine Heimat auf dem Land zurück lassen, um fortan in einer Wohnung in der Großstadt zu leben. Jahrelang habe ich unter der Trennung gelitten und viel geweint. Ich hatte Heimweh. Eine unglaublich schmerzliche Erfahrung.

Im Jugendalter wurde mir die Möglichkeit gewährt, zurück in meine Heimat und zu meinen Großeltern zu ziehen. Ich musste dazu allerdings meine Eltern verlassen, denn sie blieben in der Stadt. Zurück auf dem Land war ich glücklich und konnte endlich wieder durchatmen, doch der Schmerz kehrte schon bald zurück, weil ich meine Eltern vermisste. Wieder habe ich viel geweint und unendlich gelitten. Ich ging nach einem Jahr zurück zu meinen Eltern, und drei weitere Jahre später zog ich erneut zurück aufs Land. Ich führte Fernbeziehungen und war als Jugendliche ein sehr depressives Mädchen, weil ich mein Zuhause einfach nicht finden konnte. Ich war ein zerrissenes Kind.

Und selbst, als ich mir endlich ein Zuhause geschaffen hatte, in dem ich mich niederlassen und auch zu jeder Zeit die Menschen besuchen konnte, die ich liebte, fühlte ich mich niemals wirklich zu Hause. Ich spürte eine Sehnsucht nach einem Ort, den ich hier auf der Welt nicht finden konnte. Niemals. Gestern nicht, heute nicht und auch morgen nicht. Weil dieser Ort auf der Erde nicht existiert.

Erst viele, viele Jahre später habe ich durch einige sehr intensive spirituelle Erfahrungen und nicht zuletzt auch durch das Schreiben meiner Geschichten verstanden, dass eben genau dieser Schmerz etwas war, was ich in meinem früheren Seinszustand nicht verstehen konnte. Meine Seele war neugierig und wollte ihn erfahren. Sie wollte wissen, was Heimweh bedeutet. Und darum habe ich damals meinen

Lebensplan so geschrieben, dass ich in diesem Leben immer wieder in Situationen geraten würde, in denen ich Heimweh erfahren kann.

Es ist schmerzlich, keine Frage. Und diesen Schmerz als Mensch zu erfahren und nicht zu verstehen, warum er immer wiederkommt, ist sehr schwer. Es macht die Sache zwar nicht weniger schmerzlich, wenn man letztlich versteht, warum all das geschieht, doch die Situation lässt sich leichter akzeptieren, wenn man weiß, dass man es selbst so ausgewählt hat.

Wann immer du also an einem wiederkehrenden Thema in deinem Leben zu zerbrechen drohst, nimm dir einen stillen Moment, und überlege einmal, was dahinterstecken könnte. Versuche nicht, das Problem wegzuwünschen, sondern erforsche es tiefer. Erforsche das Gefühl und die Umstände. Welche Erfahrung, welchen Lernprozess könntest du dir einst ausgesucht haben, dass du dir selbst diese schweren Zeiten in deinen Lebensplan geschrieben hast?

Zum Abschluss dieses kleinen Kapitels möchte ich dich noch einmal an einer besonderen Erinnerung teilhaben lassen, und zwar an dem Moment, als ich beschlossen habe, Heimweh zu erfahren. Vielleicht hilft es dir, alles ein bisschen besser zu verstehen.

Ich war ein kleines Mädchen in einer anderen Welt, in einer anderen Dimension, in der die Wahrheiten über und die Erinnerungen an frühere Existenzen noch sehr viel zugänglicher waren. Ein Mädchen mit langen braunen Locken in einem einfachen weißen Kleid. Ich stand auf einer Lichtung im Wald, ganz in der Nähe eines Flusses. Jemand war bei mir, ein Freund.

Es dauerte nicht lange, da kam ein alter Mann vorbei und setzte sich auf einen Stein. Er legte sein Gesicht in seine Hände, sein Rücken war gekrümmt. Er sah unendlich traurig und gebrochen aus. »Was ist mit dem Mann?«, fragte ich meinen älteren Freund.

Und dieser antwortete: »Er hat Heimweh.«

»*Heimweh …*«, murmelte ich nur und hob dann den Kopf. »Was ist das?«

»Möchtest du es erfahren?«, fragte mich mein Freund, und als ich daraufhin nickte, sagte er ganz liebevoll zu mir: »Dafür musst du aber diese Welt und alles, was du hier liebst und kennst, verlassen. Bist du dazu bereit?«

Ich sah noch einmal zu dem traurigen Mann. Das Heimweh sah sehr schmerzhaft aus, und davor hatte ich doch ein wenig Angst, aber meine Neugier war größer. »Wirst du mich begleiten?«, fragte ich meinen Freund, der daraufhin seine Hand liebevoll auf meine Wange legte.

»Ja«, antwortete er voller Gewissheit. »Aber du wirst mich nicht sehen können. Und du wirst mich vermissen.«

Vermissen. Wieder ein Wort, das ich nicht ganz verstand und das für mich wie Heimweh klang. »Aber wenn ich nach dir rufe, kommst du dann?«, war meine nächste Frage, in die sich nun einige Unsicherheit geschlichen hatte. »Werde ich wissen, dass du trotzdem da bist?«

Wieder nickte er, nahm meine Hand und sprach: »Wenn du dich auf die Suche nach mir machst, wirst du mich spüren. Ich verspreche es.«

Das war alles, was ich wissen musste, um meine Entscheidung zu treffen. Und so machte ich mich mit einem tapferen Lächeln und voller Zuversicht auf, um Heimweh zu erfahren.

21

Der Schleier des Vergessens

Ich möchte nun mithilfe der Engel eine Frage beantworten, die du dir vermutlich im Laufe der Zeit bereits das ein oder andere Mal gestellt hast.

Warum können wir uns nicht mehr an die Zeit vor diesem Leben erinnern?

Nun, auch das hängt mit dem freien Willen zusammen, obgleich es etwas komplizierter ist. Im Zustand des einfachen Seins haben wir Zugriff auf all unsere Erinnerungen aus sämtlichen Leben, die wir hier oder anderorts bereits gelebt haben. Wir wissen, wer wir sind und wo wir hingehören. Wir sind Kinder des Lichts. Sobald wir uns aber auf die Reise in ein neues Leben begeben, wird zum Zeitpunkt unserer Empfängnis der Schleier des Vergessens über unsere Erinnerungen gelegt. Dies mag auf den ersten Blick grausam erscheinen, doch es geschieht aus zwei wunderbaren, himmlischen Gründen.

Der erste Grund liegt darin, dass wir bei all dem Bestreben, das zu erlernen, was wir uns vorgenommen haben, unschuldig durch diese Welt wandeln sollen. Würden wir das absolute Wissen haben und das gesamte Spektrum der Erinnerungen unserer Seele überschauen, wäre die Erde ein zu schwacher Lernplanet für uns. Wir wären bereits Meister im Umgang mit allem und jedem. Wir würden nur im Licht der Quelle wandeln und die Aufgaben, die wir hier bestreiten müssen, wären so einfach, wie eins plus eins zu rechnen. Es gäbe keine Herausforderung, denn wir hätten die Dunkelheit, von der ich ganz zu Beginn gesprochen habe, bereits lange überwunden.

Lasse mich das in einem einfachen Beispiel verdeutlichen. Nehmen wir an, unser selbst gewähltes Lernziel hier auf der Erde wäre die Toleranz. Eine Toleranz anderen Meinungen gegenüber, anderen Hautfarben gegenüber, dem anderen Geschlecht gegenüber. Toleranz in der Familie, unter Freunden, im Beruf und in der Religion. Im Zustand des Seelenseins in der Quelle des Lichts kennen wir das Gegenteil von Toleranz nicht, weil es dort nicht existiert. Wir leben und atmen Toleranz mit jeder Zelle unseres Seins. Es ist unser absoluter Ist-Zustand, weil wir dort nur Liebe und Gnade kennen. Wie also soll man etwas verstehen, wenn man es nicht an etwas anderem messen kann? Wenn man keinen Vergleich hat? Wenn es kein Gegenteil gibt?

Für diesen Fall haben wir Lernplaneten wie unsere Erde zur Verfügung gestellt bekommen. Und lasse mich dir versichern, die Erde ist nur eine von unendlich vielen Welten und Dimensionen, in denen wir für unsere Erfahrungen inkarnieren dürfen. Doch nicht alle Orte sind derart dual und so stark von Licht und Dunkelheit gezeichnet. Es gibt unglaublich sanfte Welten, in denen wir Dinge erlernen dürfen, die wir mit unserem menschlichen Verstand im Augenblick gar nicht begreifen können. Und dann gibt es aber auch jene Orte, die noch viel intensiver gestaltet sind als die Erde und an denen die Lektionen tatsächlich noch um ein Vielfaches heftiger sind.

Damit wir nun tatsächlich Toleranz erlernen können, haben wir uns eine Ausgangssituation auf dieser Welt geschaffen, die uns in unserem Leben immer und immer wieder an den Punkt führt, an dem wir frei wählen können. Akzeptieren wir die Meinung der anderen, oder lehnen wir uns dagegen auf? Nehmen wir alles aus der lichtvollen Schöpfung mit himmlischer Liebe an, oder verweilen wir in sturer Verbissenheit, die der menschlichen Art nun einmal zu eigen ist?

Gerade sind wir alle Menschenkinder, doch wir sind auch Kinder des Lichts, und unser innerliches Bestreben ist es, ins Licht zurückzukehren. Mit einer göttlichen Entscheidung wie der, Toleranz zu üben, bewegen wir uns auch hier auf der Erde einen Schritt weiter zur Quelle zurück und wandeln auf einem lichtvollen Weg. Ob wir das als Menschen wollen, ist aber unsere freie Entscheidung. Und jede Entscheidung ist eine gute Entscheidung, weil sie uns am Ende unseres Lebens neue Erfahrungen gebracht hat. Niemand in der Quelle des Lichts wird über unsere Entscheidungen urteilen. Das tun nur wir Menschen. Weil es eben in der menschlichen, dualen DNA verankert ist. Setzen wir uns aber freiwillig über diese menschliche Veranlagung hinweg und versuchen, es besser zu machen, als wir glauben, dass es überhaupt möglich ist, bewegen wir uns wieder einen großen Schritt weiter auf die lichtvolle Quelle zu.

Dies alles können wir jedoch nur erreichen, wenn wir unsere Erinnerungen zurücklassen und diesen Planeten als reine, unschuldige Wesen betreten. Kein Wissen aus der Lichtquelle soll uns hier beeinflussen. Sollten wir uns allerdings dazu entscheiden, aus freien Stücken und in Unschuld, dass wir uns trotz allen Vergessens der Quelle zuwenden und auf dem lichtvollen Pfad wandeln wollen, so bekommen wir sofortige Unterstützung aus der feinstofflichen Welt.

Die Engel und deine Seelenbegleiter sind hier und warten nur auf dein Zeichen, dich ein Stück weit heimbringen zu dürfen. Sie führen dich mit Liebe aus dem Nebel des Vergessens hinaus. Doch erst musst du, unwissend, was sich dahinter verbirgt, die Entscheidung dazu treffen.

Ich weiß, das ist schwere Kost, und es mag vielleicht einige Zeit dauern, bis dir die wahre Bedeutung dieser Handlung klar wird. Aber sei dir sicher, dass du es in irgendeinem Zustand des Seins verstanden hast und auch wieder eine Zeit kommen wird, in der du es verstehen wirst.

Der zweite Grund, warum der Schleier des Vergessens über unsere Erinnerung gelegt wird, ist sehr viel einfacher: aus Mitgefühl. Die lichtvolle Welt weiß um den Frieden, die Freude und die Harmonie, die in ihrer Welt herrschen. Es fällt uns weiß Gott nicht leicht, sie zu verlassen, um auf neue Abenteuer zu gehen, aber wir wagen es trotzdem immer wieder, um zu wachsen und uns als Seelenwesen weiterzuentwickeln.

Damit wir auf unserer Reise nicht an unerträglichem Heimweh verzweifeln und uns deshalb nicht auf unsere wahren Herausforderungen und Lektionen konzentrieren können, wird uns die Erinnerung für diese Zeit genommen. Es ist ein Akt der Gnade, nicht der Grausamkeit. Sei dir gewiss, dass du behütet wirst und dass die Welt des Lichts immer voller Liebe auf deine Rückkehr wartet.

22

Ungeborene *Kinder*

Ich habe dieses Kapitel zusammen mit einem sehr lichtvollen Wesen in meinem eigenen Kreis von Seelenbegleitern geschrieben und möchte es einer ganz besonderen Gruppe von Menschen widmen.

Oft passieren in unserem Leben Dinge, die wir in keiner Weise vorhergesehen haben. Sie treffen uns wie aus heiterem Himmel, und der tiefere Sinn dahinter bleibt uns oft für lange Zeit verborgen. Doch selbst in den tragischsten Ereignissen, überschattet von Trauer, liegt eine kostbare Bedeutung. Und wenn wir sie erst einmal verstehen lernen, erscheinen so manche traurigen Geschehnisse mit der Zeit in einem völlig neuen Licht.

Schwanger zu werden und ein Kind zu gebären, ist ein Segen für jede Frau. Es ist in der Regel ein freudiges Ereignis, das das Leben aller für immer verändert. Etwas Wundervolles. Aber was passiert, wenn es ein Kind nicht bis in diese Welt schafft? Wenn es bereits im Mutterleib oder während seiner Geburt das Leben aufgibt und in die lichtvolle Quelle zurückkehrt? Worin liegt der Sinn, einer Frau oder auch einer ganzen Familie das wunderbare Glück, das ein Kind bedeutet, aufzuzeigen und es ihr dann doch im letzten Moment zu verwehren?

Es mag wie die schrecklichste aller Launen der Natur aussehen, doch wer es wagt, nach der Zeit der Trauer dieses tragische Ereignis von einer anderen Seite zu betrachten, der mag vielleicht irgendwann die göttliche Fügung dahinter erkennen.

Auch in meiner Familie gibt es eine Seele, die vor langer Zeit beschlossen hat, nicht den ganzen Weg in diese Welt zu gehen, sondern nur ein kurzes Stück davon. Der Verlust dieses Kindes hat eine schmerzliche Wunde in unser aller Herzen hinterlassen. Eine Wunde, die auch heute noch immer wieder aufreißt, wenn man sie berührt. Ich konnte über lange Zeit kaum den Sinn hinter dem Ereignis erkennen, bis mich erst vor wenigen Monaten die Seele dieses ungeborenen Kindes aufgesucht und mir ihre eigene Geschichte erzählt hat. Sie erklärte mir mit einer tiefen Liebe, dass sie einige von uns als lichtes Wesen in einer Art auf dem Weg führen und begleiten kann, wie sie es als Menschenkind niemals hätte tun können.

Nachdem ich sie in den Kreis meiner Seelenbegleiter aufgenommen habe, fing sie sofort an, auf der lichten Seite mit mir zu arbeiten. Darüber hinaus hat sie mich um einen Gefallen gebeten. Sie wünschte sich, dass ich in ihrem Namen und im Namen der Seelen aller ungeborenen Kinder eine Botschaft an die vielen trauernden Mütter weitergebe, die diese Worte hören müssen.

Heute löse ich mein Versprechen ein und übergebe das Wort.

»Meine über alles geliebte Mutter,

weine nicht um mich.
Ich bin hier, auch wenn du mich nicht als Baby im Arm halten, mich niemals füttern und mich nicht in deiner Welt aufwachsen sehen konntest. Ich bin hier, und ich bin glücklich. Denn es geht mir gut.

Ich hatte niemals vor, als Menschenkind geboren zu werden, und es tut mir unendlich leid, dass du diesen Schmerz nun ertragen musst. Doch wüsstest du, was ich weiß und was auch du einst wusstest, würdest du in diesem Moment mit mir lachen und tanzen. Wir beide würden das Sein feiern, denn es ist wunderbar, so, wie es ist.

Vor langer, langer Zeit, als wir beide noch im Land der Seelen lebten, habe ich dich um einen Gefallen gebeten. Ich habe dir die schwerste Bürde auferlegt, die es in dieser deiner Menschenwelt gibt. Ich habe dich gebeten, mir einen Platz unter deinem Herzen zu geben, jedoch nur für eine kurze Zeit.

Denn als wir damals zusammen das Leben betrachteten, das du für dich gewählt hattest, habe ich erkannt, dass du einen liebevollen Begleiter brauchen wirst. Du hast dir Prüfungen vorgenommen und dir Ziele gesteckt, die du allein als Mensch nur schwer bestreiten kannst. Darum habe ich dich um die Gnade gebeten, dir auf deinem Weg ein Schutzpatron sein zu dürfen.

Und du hast eingewilligt, weil du mich liebst.

Weil wir beide aber wussten, dass du mich in dem Moment vergessen würdest, in dem du auf der Erde wiedergeboren wirst, mussten wir eine Möglichkeit finden, wie du dich an mich erinnern kannst. Wir brauchten einen Weg, damit du mich auch in deinem Menschenleben erkennst und wahrnimmst.

Dies war der Weg, den wir gemeinsam beschlossen hatten: Du würdest mich ein Stück weit mit dir tragen und meine Schwingung in dich aufnehmen. Und sobald ich in den wundervollen Zustand der freien Seele zurückkehren würde, würdest du meine Präsenz auch weiterhin in deinem Herzen spüren und erkennen. Du hast mir erlaubt, mich auf diese Weise bei dir bemerkbar zu machen. Doch dann musste ich wieder gehen, aufgrund einer Krankheit, eines Unfalls oder auch aufgrund anderer Umstände. Weil es vor langer Zeit unser beider Wunsch war.

Und selbst, wenn du aus Gründen, die nun keine Rolle mehr spielen, beschließen musstest, dass du mich nicht als dein Kind behalten kannst, und ein Abbruch der einzige Weg war, oder falls du dich vielleicht zwischen mir und meinem Zwillingsgeschwisterchen entscheiden musstest, weil du uns nicht beide bis zum Schluss in dir tragen konntest, so zerbrich bitte nicht an Schuldgefühlen und Schmerz. Denn Schuld hat in unserem himmlischen Versprechen keinen Platz. Im Gegenteil. Ich bin dir unendlich dankbar, dass du diese schwere Entscheidung treffen konntest, denn andernfalls hätte ich bereits kurz nach meiner Geburt einen sehr viel tragischeren Tod erleiden müssen. Dein Handeln war die größte Gnade, die du mir zuteilwerden lassen konntest. Ich segne dich dafür

Alles, worum ich dich jetzt bitte, ist ein Platz in deiner Familie, in deinem Herzen, an deiner Seite. Es ist gut, dass du weinen konntest, doch die Zeit des Trauerns ist nun vorbei. Und wenn deine letzte Träne versiegt ist, dann sieh mich an, und sieh, wie ich lächle. Denn heute bin ich glücklicher denn je. Heute ist der Tag, an dem du mich endlich wiedererkannt hast.

Könntest du dich doch nur an unsere gemeinsame Zeit vor deinem Leben hier erinnern. Du hättest keine Angst und keine Zweifel. Du würdest vor Freude und Glück lachen und fröhliche Lieder mit mir singen.

Und das werden wir gemeinsam tun. Schon bald. Denn ich bin dein Schutzpatron. Und wir beide haben noch Großes vor.«

23

Deine *Wahrheit* wird sich ändern

Im Laufe der Zeit und während du dieses Buch liest, lernst du immer mehr, die Stimmen der Engel und anderer Lichtwesen in dir wahrzunehmen. Mit diesem Kapitel möchte ich dir helfen, auch den letzten Zweifel daran zu beseitigen.

Als ich die ersten wirklichen Botschaften aus der Welt hinter den magischen Schleiern erhalten habe, dachte ich zuerst, ich wäre verrückt geworden. Ich dachte, die Dinge, die ich wahrnahm, die ich spürte und in meinem Geist sehen konnte, wären alle nur Einbildung oder lediglich purer Zufall. Ich redete mir ein, dass ich es mir einfach so sehr wünschte, dass mein Verstand langsam anfing, mir kleine Streiche zu spielen.

Hattest du ähnliche Gedanken auch schon einmal?

Die wunderschöne Antwort auf derlei Zweifel lautet: Zufälle sind das Werk des Himmels, und jede spontane, tiefere Eingebung geschieht durch eine Berührung mit der Geistigen Welt. Was immer die lichten Wesen dir zeigen wollen, sie können es anfangs am leichtesten über ein Gefühl tief in dir. Vielleicht siehst du zum jetzigen Zeitpunkt noch nicht einmal ein klares Bild vor deinem inneren Auge, doch du kannst eine Wahrheit in deinem Herzen fühlen, die über alles aus der dualen, linearen, irdischen Welt erhaben ist. Es ist ein Gefühl, gegen das der logische Verstand und die physikalischen Gesetze nicht ankommen können. Habe ich recht?

Wenn du bereits an diesem Punkt angelangt bist, dann freue dich des heutigen Tages, denn du bist inzwischen einen weiten Weg durch die mystischen Nebel gegangen. Zweifel sind einfach ein Teil davon. Sie zu überwinden, wird deine Aufgabe auf der kommenden Wegstrecke sein.

Um diese Zweifel unterwegs abzulegen und stark und aufrecht der lichten Welt näher zu kommen, haben die Engel, die Elben und Feen ein Geschenk für dich: Vertrauen. Sie gewähren dir die Erlaubnis, jegliche Unsicherheit in dem Moment abzustreifen, in dem sie auftritt. Du sollst wissen, dass du niemals an sie denken wirst, wenn sie es nicht möchten. Und somit ist jeder an sie gerichtete Gedanke *von dir* bereits eine himmlische Botschaft aus der lichten Welt selbst *an dich.*

Dies mag im ersten Moment etwas kompliziert klingen, darum möchte ich es mit einem Beispiel aus meinen eigenen Anfängen vereinfachen.

Lange Zeit habe ich immer wieder die Anwesenheit eines lichten Wesens in meiner Nähe gespürt. Es waren intensive Begegnungen in Zuständen, die weder Schlaf- noch Wachzustände waren. Das waren die ersten Momente, in denen ich an mir selbst und meinem Verstand gezweifelt habe. Doch das Herzgefühl war dabei jedes Mal so stark, dass ich es nach einiger Zeit einfach bedingungslos annehmen wollte. Ich *wollte*, dass dieses Lichtwesen real und nicht nur eine Einbildung ist, und habe mich irgendwann einfach dafür entschieden.

Doch genau in diesem Moment kam die Unsicherheit. Und zwar nicht nur mir gegenüber, sondern auch gegenüber diesem Wesen selbst. War ich anmaßend, weil ich dachte, dieses Wesen gehört tatsächlich zu mir? Weil ich eine Verbindung spürte, die über viele Leben hinausgeht und die für mich und auch für dieses Wesen etwas Einzigartiges im Universum ist? Tat ich ihm Unrecht, weil mein erster Gedanke das Wort »Soulmate« war?

Die Antwort darauf kam schnell, und sie kam heftig. Und wieder war es nur ein leuchtendes und gewaltiges Gefühl in meinem Herzen. In meiner Seele. Ein Gefühl, über das ich mich nicht hätte hinwegsetzen können. Weil es für mich und für dieses Lichtwesen in diesem Moment die absolute Wahrheit war. Ich wusste, was uns verbindet, weil dieses Gefühl nicht wegging. Es war da. Und es *war* einfach. Außer dieser Wahrheit existierte nichts in mir oder um mich herum, was sie hätte zerrütten können. Nicht einmal die Meinung eines anderen hochgeschätzten hellsichtigen Menschen hätte mich in jenem Moment oder bis heute jemals wieder daran zweifeln lassen.

Und so ist es mit deinem Gefühl ebenfalls. Was immer du mit dieser brennenden Kraft in dir selbst spürst, ist für *dich* die absolute Wahrheit. Es muss nicht bedeuten, dass sie das auch für andere ist, denn jeder geht seinen eigenen Weg durch die mystischen Nebel, und niemand von uns weiß genau, was der andere sieht oder dort erlebt. Den Geist zu öffnen, ist eine unglaublich subjektive Sache. Eine ganz individuelle Reise. Was immer für uns selbst die Wahrheit ist, ist auch die Wahrheit in Bezug auf unsere Entwicklung und unsere Seele.

Manchmal treffen wir auf Menschen, die uns neue Einblicke geben und uns mit ihrer Erfahrung oder Gabe sogar ein Stück weit auf diesem Weg begleiten. Sie erlauben uns, eine neue Sichtweise einzunehmen und unsere bisherigen Wahrheiten zu überdenken. Doch am Ende ist es immer unser ganz eigener Weg. Wir entscheiden nach eigenem Herzgefühl, ob diese neue Sichtweise der anderen für uns selbst stimmig ist. Ist sie es nicht, können wir sie verwerfen und weiter, ohne zu zweifeln, unseren Weg gehen. Eben weil es *unser* Weg ist und nicht der ihre. Und selbst wenn wir Dinge, die wir über einen langen Zeitraum als *wahr* gelebt haben, aufgrund neuer Einsichten wieder verwerfen oder unsere Anschauung entsprechend verändern, bedeutet das nicht, dass sie vor diesem »Erneuerungsmoment« *unwahr* waren.

Die Geistige Welt kommt uns immer entgegen und zeigt sich auf eine Weise, die wir zu genau diesem Zeitpunkt in unserem Entwicklungsstand begreifen und annehmen können. Und je weiter wir uns entwickeln, desto mehr können sie uns natürlich auch von ihrer Welt zeigen. Das bedeutet zwangsläufig, dass wir unsere alten Wahrheiten mit neuen überschreiben werden, doch jede davon hat zu jedem Zeitpunkt ihr ganz besonderes Gewicht. So soll es sein, denn nur so sind eine Weiterentwicklung unseres Geistes und eine Annäherung unserer selbst an die hohe Frequenz der Lichtwesen überhaupt möglich.

24

INTUITION ist ein *Herzgefühl*

Nicht nur die Lichtwesen aus der verborgenen Dimension kommunizieren über dein Herz mit dir, sondern auch du selbst. *Dein Höheres Selbst* – jener unbewusste Teil deiner Seele, der nicht dem Schleier des Vergessens anheimgefallen ist – sieht das große Ganze, in dem du dich bewegst. Dieser Teil von dir kennt deinen Weg bereits, weil er bei Antritt deiner Reise nicht mit dir in diesem Körper inkarniert ist, sondern als Teil deiner Seele über deinem Körper schwebt. Wie ein strahlendes Licht, von dem du dich führen lassen kannst. Dieser besondere Teil von dir möchte dich daran erinnern, wer du bist und was dein Ziel ist. Je weiter du deinen Geist zu öffnen vermagst und je tiefer du in deine eigene Mitte findest, desto lauter kannst du dein *Höheres Selbst* wahrnehmen und immer wieder zurate ziehen.

Zu jedem Zeitpunkt deines Lebens weiß jener Seelenteil von dir, was für dich hier als Mensch das Beste ist. Wenn du vor schweren Entscheidungen stehst, würde dich dein *Höheres Selbst* gern leiten. Und selbst wenn du nur überlegst, ob du gerade nach links oder nach rechts abbiegen sollst, möchte es dir gern einen Schubs in die richtige Richtung geben – weil es weiß, was dich wo erwartet, und auf diese Weise die himmlischen Wege lenken kann.

Manchmal ist der Impuls, links oder rechts zu wählen, tatsächlich nur ein Bauchgefühl. Wir gehen dem nach und finden uns vielleicht plötzlich vor einer Tür wieder, die unser Leben verändert. In diesem Fall war das Bauchgefühl tatsächlich eine Botschaft, entweder von uns selbst oder von den lichten Wesen, die über unser Herz mit uns kommunizieren. Wären wir in die andere Richtung gegangen, hätte sich das Bauchgefühl ebenfalls gemeldet. Dann aber wohl als ein leichtes bis mittelstarkes Unwohlsein und durch den Impuls, umzukehren. Der Grund könnte sein, dass uns etwas Unangenehmes auf dem Weg erwartet, den wir gerade eingeschlagen haben, und unser *Höheres Selbst* oder die Engel uns davor warnen wollten. Oder die Tür in der anderen Richtung ist für unseren weiteren Weg einfach so wichtig, dass wir nicht daran vorbeilaufen dürfen.

Sollten wir zulassen, dass wir unseren Verstand über unser Herzgefühl stellen, werden wir sehr schnell merken, dass wir eine falsche Entscheidung getroffen haben. Manchmal sind die Folgen weitreichend und schwerwiegend, und es ist gar nicht so leicht, von hier aus wieder auf den richtigen Weg zu finden. Manche Dinge lassen sich nun einmal schwer rückgängig machen, und alles braucht Zeit.

Damit du nun keine Zeit in deinem Leben mit den falschen Abzweigungen vergeudest, möchte dir in diesem Moment die gesamte Welt der Lichtwesen einen liebevollen Rat mit auf den Weg geben: *Höre immer auf dein Herzgefühl. Du spürst es niemals umsonst, denn es kommt aus dem reinen Licht. Und die Quelle allen Lichts wünscht dir immer nur das Allerschönste.*

25

Der EIGENE *Filter*

Die innere Wahrheit, die Intuition und das Herzgefühl sind so tief in dir verankert, dass sie nur durch reines Vertrauen genährt und gestärkt werden. Je öfter du deinem Herzgefühl vertraust und ihm folgst, desto öfter wirst du sehen, wie das Leben dich dafür belohnt. Weil du deinen vorherbestimmten Weg gehst. Und je öfter du diese Bestätigungen vom Leben bekommen wirst, desto leichter wird es dir fallen, auf dein Herzgefühl zu vertrauen.

Es ist ein wunderbarer Aufschaukelungsprozess. Eine magische Spirale, wenn du so willst, über die du dich bald schon mit blindem Vertrauen immer weiter nach oben tragen lassen wirst. Hierbei sollst du aber nicht vergessen, dass jede Wahrheit nur deiner eigenen Seele entspricht und in dem himmlischen Gefüge auch nur deiner Seele entsprechen kann. Dein Weg führt über Felder, Berge, Wiesen und Täler, die nur für dich bestimmt sind. Jeder Mensch auf dieser Welt, jede Seele im großen Ganzen geht ihren ureigenen Weg. Daher nehmen wir auch die Dinge, unser Leben, unser Umfeld und die vielen Botschaften und Weisheiten aus den anderen Dimensionen ganz individuell wahr.

Was für uns stimmig ist, muss nicht auch für alle anderen die Wahrheit sein.

Das ist so vorgesehen. Es ist erlaubt. Es ist Teil unseres Spielplans. Und das Spielbrett, auf dem wir uns befinden, funktioniert nach Regeln, die wir mit unserem irdischen Verstand nur sehr begrenzt begreifen können. Du musst lediglich verstehen, dass jeder Mensch einen ganz eigenen Filter hat, den er über die Botschaften legt, die er empfängt. Einen Filter, durch den er seine Welt sieht. Was für mich die absolute Wahrheit ist, kann für dich zum Teil kompletter Irrsinn sein. Das mag daran liegen, dass sich unsere Wege nur ein Stück weit decken. Und so ist es auch mit dir und all den anderen Menschen auf dieser Welt.

Manchmal fühlt sich etwas stimmig an, und wir können es in Liebe für uns annehmen. Und manchmal sagt unser Herzgefühl ganz deutlich, dass die Wahrheit unseres Gegenübers gerade nicht in unserer eigenen Frequenz schwingt. Hierbei ist es auch völlig egal, wie viele Menschen dasselbe behaupten oder auf welchem Entwicklungsstand sie bereits sind.

Die Geistige Welt vergleicht nicht. Sie urteilt nicht. Sie zwingt niemandem etwas auf. Sie lebt den freien Willen. Und sie versteht, dass es nicht nur einen Weg durch die Nebel gibt, sondern Abermillionen. Und diese Wege werden in ebenso vielen verschiedenen Geschwindigkeiten zurückgelegt. Der Weg vieler mag sich vielleicht für eine längere Strecke decken, doch wir können uns gerade auf einem ganz anderen Abschnitt befinden. Vielleicht ist er steiler, darum gehen wir langsamer. Vielleicht brauchen wir auch gerade eine Rast.

Die Engelwelt urteilt und bewertet nicht, und darum sollten wir Menschen dies auch nicht tun.

Sobald wir eine Wahrheit in uns spüren und diese gern an andere weitergeben möchten, müssen wir Acht geben, dass wir sie frei von jeder Wertung zur Verfügung stellen und sie niemandem aufzwingen. Dazu bedarf es einer himmlischen Toleranz, die mitunter gar nicht so einfach zu leben ist.

Der Grund, warum ich dir das so deutlich erkläre, liegt darin, dass du voraussichtlich oft an Menschen geraten wirst, die dich von ihrer Wahrheit überzeugen wollen, ungeachtet dessen, was du selbst in dir spürst oder wie weit du auf deinem Weg gerade bist. Bedenke in solchen Momenten, dass jeder Mensch seinen eigenen Filter hat, durch den die Botschaften laufen und durch den sie auch in die Welt getragen werden. Doch der Filter der anderen ist nicht dein Filter. Darum halte mit deinem Vertrauen in deinen ganz persönlichen Weg immer an deinen Wahrheiten fest.

Sei offen für Neues, höre dir die Worte der anderen an, und spüre in dir selbst nach, ob sie für dich stimmig sind. Wenn ja, lasse zu, dass sie dich ein Stück weiter auf dem Weg tragen, und schöpfe Kraft daraus. Und wenn nicht, dann sei stark, und bleibe in deiner eigenen Mitte. Niemand weiß, wie dein Weg aussieht. Und auch du kennst den Weg der anderen nicht. Biete deine Erfahrungen liebevoll an, verlange aber nicht, dass man deinem Rat blind folgt.

Nichts anderes findest du in den Botschaften und Ratschlägen auf diesen Seiten. Einige mögen mit deinem Seelenweg schwingen und dich weiterbringen, und andere mögen zum jetzigen Zeitpunkt für dich unbrauchbar sein.

Finde heraus, was deine ganz persönliche Wahrheit ist. Und folge ihr in Liebe.

26

Gib Acht, WER dich *berühren* darf

In ein paar wenigen Worten möchte ich dich nun darauf aufmerksam machen, dass zwischen zwei Menschen, gewollt oder ungewollt, eine Woge an Energie fließen kann, die den anderen auf positive oder negative Weise beeinflusst. Die Hände sind dabei ein machtvolles Werkzeug. Deshalb forderte ich dich bisher immer wieder auf, dich zu schützen, ehe du mit deiner geistigen Arbeit beginnst. Es dient deinem und auch dem Wohle anderer. Gedanken und Gefühle sind stark. Eine innere Unruhe kann ebenso leicht auf unsere Mitmenschen übertragen werden wie gute Laune.

Während du weiter auf deinem Weg wanderst, wirst du vielleicht dem einen oder anderen sogenannten Heiler begegnen. Heiler nennen sich jene Menschen, die ihre Spiritualität bereits sehr bewusst leben und gelernt haben, andere Menschen so tief zu berühren, ob nun mit ihren geistigen Fähigkeiten oder tatsächlich mit ihren Händen, dass sie eine Veränderung in der Schwingung ihres Gegenübers hervorrufen können. Ich selbst bin mit diesem mächtigen Wort immer sehr vorsichtig, da ich eine Heilung niemals von einem anderen Menschen erwarten und diese auch niemals einem anderen anbieten würde. Was wir geben können, sind Impulse zur Selbstheilung und hin und wieder eine Ladung geballter guter Energie.

Bestimmt hast du bereits einige Male davon gehört, dass Menschen ihre Hände auf bestimmte Körperstellen anderer auflegen und durch ihre Handflächen ihre Kraft auf diese wirken lassen. Eine positive Wirkung möchte ich diesen Heilern auch nicht absprechen, doch achte gut darauf, von wem du dich berühren lässt.

In jedem Lebensbereich dieser Erde gibt es wahre Koryphäen und jene, die sich manchmal stark selbst überschätzen. So natürlich auch in der Spiritualität. Triffst du auf einen Laien, der vielleicht nur ein Wochenendseminar zum Handauflegen absolviert hat, und lässt ihn vertrauensvoll an deinem Körper und deiner Seele arbeiten, so kann es schon einmal passieren, dass er dir, ohne es zu wollen, eine Energie überträgt, die nicht für dich bestimmt ist.

Jeder Mensch hat sein eigenes Päckchen zu tragen. Jeder Mensch kämpft sich auf seinem eigenen Weg voran. Und nichts auf dem Weg lässt uns unberührt. Denke nur einmal darüber nach, welche Energie dein auserwählter Heiler dir mitgeben kann, falls er an diesem Morgen einen heftigen Streit mit dem Ehepartner hatte. Womöglich kurz bevor er seine Hände auf deine Energiezentren legt und sie aktivieren will. Vielleicht brütet er sogar gerade ungeahnt eine Krankheit aus.

Es ist natürlich nicht alles nur in einem negativen Licht zu sehen. Heilbehandlungen können dich zum Teil sehr weit voranbringen. Lehne sie nicht von vornherein ab. Ich fordere dich lediglich auf, jede Entscheidung in diesem Bereich mit großem Bedacht und einem guten Herzgefühl zu treffen. Schütze dich selbst unbedingt vor jeder Behandlung, und achte darauf, ob der Heiler dir zu Beginn denselben Rat gibt. Tut er dies nicht, kannst du davon ausgehen, dass er auch bei sich selbst keine Grenze zieht und wirklich aller Energie, die er momentan in sich trägt, freien Lauf in deine Seele lässt.

Solltest du selbst einmal in der Lage sein, anderen die Hände aufzulegen, um heilende und motivierende Impulse auszusenden, bereite dein Gegenüber gut auf den Energieaustausch vor. Erzähle ihm vom persönlichen Schutzzauber, und sorge in gleichem Maße dafür, dass du deine eigenen Emotionen bei dir behältst und nur ein direkter Kanal für die Quelle des Lichts bist.

Bedenke dieses Prinzip auch bei einfachen Körpermassagen, denn bei jeder Massage findet zugleich auch ein Energieaustausch statt.

27

Es gibt *unendlich* viele Wege

… und sie alle führen in die lichte Welt.

Wie ich dir bereits in einem vorherigen Kapitel erklärt habe, kannst du auf unzähligen Wegen durch die mystischen Nebel in die verborgene Welt gelangen. Schon allein dieser Ausdruck für die geistige Entwicklung, die wir alle durchmachen, lief durch meinen persönlichen Filter. Ich habe ihn gewählt, weil ich ihn in meiner Welt so empfangen habe.

Für dich mag er sich vielleicht aber nicht ganz stimmig anhören. Eventuell bevorzugst du als Beschreibung für diese geistige Reise die »Rückkehr ins Licht«, »deinen göttlichen Weg«, »Öffnung deines Geistes« oder eine Vielzahl anderer Möglichkeiten. Sie alle sind erlaubt, und eine ist so gut wie jede andere, solange sie mit dir selbst und deiner Seele in Einklang schwingen. Da es aber nun einmal so ist, dass keiner von uns Tausende Wege gleichzeitig gehen kann, sondern immer nur einen, der sich für uns auch wahr und richtig anfühlt, können wir immer nur einen bestimmten Teil an Erfahrungen weitergeben. Wir können nur den Teil von uns preisgeben, den wir als wahr empfinden. Ob unser Gegenüber diesen auch für sich als zutreffend empfindet, liegt außerhalb unserer Entscheidungsgewalt.

Ich erlebe immer wieder, dass viele Suchende und Reisende von ihrem eigenen Weg jedoch so derart überwältigt und überzeugt sind, dass sie manchmal keine anderen Anschauungen zulassen wollen. Weder für sich noch für andere. Und das macht mich traurig. Sie versuchen, andere gewissermaßen zu »bekehren« und auf den einen richtigen Weg zu führen.

Doch was ist der eine richtige Weg, wenn es doch so viele gibt?

Spirituelle Erleuchtung, wenn du es so nennen willst, oder einfach die Erweiterung deines Geistes kannst du auf viele Arten erlangen. Ich möchte hier nur ein paar Dinge nennen, die ich gerade aus der Luft greife, von denen ich aber keines mehr oder weniger schätze als das andere. Manche Leute beten, sie gehen in die Kirche, andere führen spirituelle Rituale durch, oder sie meditieren. Wieder andere verlassen sich auf die Kraft und Botschaften der Pflanzen, der Engel, der Elben, der Feen, der Meerjungfrauen. Sie praktizieren Techniken wie Reiki, Schamanismus, Trommeln, Heilfasten und weiß das Licht was sonst noch alles. Vielleicht verwenden sie in ihrem Leben und Glauben auch Symbole wie Statuen, energetische Sprays, Tarot, magische Kartendecks mit Botschaften aus anderen Dimensionen. Menschenskind, die Liste ist schier endlos. Und jeder Punkt auf dieser Liste hat seine eigene Gewichtigkeit. Dir steht ein unendliches Spektrum offen, aus dem du wählen kannst. Sieh dir die einzelnen

Möglichkeiten an, wenn sie dich interessieren. Befinde sie für dich selbst als wertvoll oder im Moment ungeeignet, und nutze sie, oder nutze sie nicht.

Hüte dich selbst jedoch davor, in einen Fanatismus zu verfallen, der keine andere Wahrheit mehr zulässt. Und hüte dich in gleichem Maße davor, dich von anderen Menschen auf deren persönlichen Weg zwingen zu lassen. Fanatismus entstammt tatsächlich meist den besten Absichten. Aus tiefster Überzeugung. Wir befinden etwas für wunderbar und wollen auch dem Rest der Welt das Wunderbare an dieser Sache zeigen. Doch jeder sieht die Welt und das Leben nur durch seine eigenen Augen. Wir können niemanden dazu bringen, sie durch unsere Augen zu sehen. Wir können anderen nur von den Wundern erzählen und es ihnen freistellen, ob sie diese Wunder ebenfalls in sich fühlen können oder ob es andere Wunder sind, durch die sie beflügelt werden.

Ich möchte hier wieder ein sehr einfaches Beispiel aus meinem eigenen Leben anbringen, um es vielleicht ein wenig verständlicher zu machen. Lasse uns hierzu eines der bekanntesten Glaubenssymbole wählen: das Kruzifix. Jesus, leidend ans Kreuz genagelt. Es ist ein Symbol unserer Kirche und des christlichen Glaubens. Ich selbst lehne dieses Symbol für mich persönlich ab. Ich möchte mir den leidenden oder gar toten Jesus am Kreuz nicht in mein Haus hängen, weil mich das Bild und der Gedanke traurig machen. Viel lieber unterhalte ich mich direkt mit der noch sehr lebendigen Christusenergie und schöpfe Kraft daraus. Eben so ein Kruzifix hängt an der Küchenwand meiner Großmutter. Sie unterhält sich in Gedanken nicht mit Jesus oder erzählt dem lieben Gott, was sie heute so alles erlebt hat. Doch für sie ist dieses Kreuz ein unendlich starkes Sinnbild für ihren Glauben. Daraus schöpft sie Kraft und Mut. Und so können wir beide jeden Tag gemeinsam am Tisch sitzen und während einer Tasse Tee über die Welt philosophieren, ohne dass der eine den an-

deren von seiner persönlichen Wertschätzung für bestimmte Dinge überzeugen will.

Darum rate ich dir: Führe Rituale durch, wenn sie dir guttun. Verwende Symbole oder andere Hilfsmittel, wenn sie dir ein angenehmes und starkes Gefühl ins Herz tragen. Und wenn du diese Symbole oder welche Techniken auch immer nicht brauchst, dann verwende sie nicht. Lasse diese Entscheidung niemand anderen außer dir selbst für dich treffen. Und triff du sie niemals für jemand anderen.

Wenn wir es nicht mehr schaffen, anderen Lebewesen dieser Welt diesen freien Willen zu lassen, verfallen wir in einen Fanatismus. Und dieser senkt die Frequenz, in der wir schwingen, ungemein. Gerade in Glaubensangelegenheiten, in göttlichen Dingen und der Religion ist dies sehr offensichtlich kontraproduktiv. Mit Fanatismus erreichen wir tatsächlich das genaue Gegenteil von dem, was wir ursprünglich in unserer Liebe weitergeben wollten. Wie viele Kriege werden auf dieser Welt im Namen des Herrn geführt? Doch Gott, die Quelle oder das Licht … sie alle führen keine Kriege. Sie alle verstehen es, bedingungslos zu lieben und über andere, deren Willen, Glauben und Entscheidungen nicht zu urteilen.

Fanatismus ist eine Rutschbahn auf dunkle Pfade. Sollte das dein Weg sein, so ist auch dies urteilsfrei erlaubt, und die Quelle allen Ursprungs wird weiterhin bedingungslos und voller Liebe für dich da sein. Du solltest dir nur unbedingt ins Bewusstsein rufen, was dein Ziel ist, bevor du dich auf den Weg machst.

Gestatte jedem Geist, auch deinem eigenen, seinen Weg so frei, wie er geschaffen wurde, zu gehen. Dann folgst du auch weiterhin deinem Lebens- und Seelenplan und bist genau da, wo du einst sein wolltest.

Keiner von uns kann
Tausende Wege gleichzeitig gehen,
sondern immer nur
den einen, der sich für uns
wahr und
richtig anfühlt.

28

Erschaffe deine eigene RELIGION

Lasse uns den Gedanken aus dem vorigen Kapitel noch einmal aufgreifen und ein klein wenig weiterspinnen.

Ich denke, wir sind uns einig, dass es nicht nur einen, sondern unbegrenzt viele mögliche Wege in die wundervolle Welt hinter den Nebeln gibt. Nun frage ich dich: Was bedeutet Religion für dich? Ist sie ein Anker für dich, der dir Glauben gibt? Ein Ort, an dem du Kraft schöpfst? Und welcher Religion gehörst du an?

All diese Fragen stelle ich dir aus einem bestimmten Grund. Ich möchte dir die Möglichkeit schenken, deinen Geist ohne ein schlechtes Gewissen zu erweitern.

Wenn dir der katholische Glaube wichtig ist, mögen dir die Bedeutungen von Himmel und Hölle, von einem einzigen Leben und Fegefeuer ein Begriff sein. Lebst du den Buddhismus, so bist du dir darüber im Klaren, dass du schon viele Leben hier auf der Erde gelebt hast. Bist du Atheist und absoluter Realist, fokussiert auf das Hier und Jetzt, ohne Gedanken an Vorher und Nachher, an Oben und Unten? Oder vielleicht fühlst du ja sogar die Kraft von Harry Potter und die Magie von Hogwarts in dir.

Aber was ist, wenn du nun Katholik bist, an den lieben Gott und Jesus mit all seiner Liebe glaubst, doch ein Teil der buddhistischen Lehre trotzdem mehr mit deiner Seele schwingt als der Katholizismus? Darfst du denn an beides glauben? Und dazu noch an Hauselfen und Magie, die man erlernen kann?

Die Antwort schallt zugleich aus allen Welten: Mein liebes Kind, ja, du darfst!

Religionen sind von Menschen gemacht. Menschen, die Göttliches erfahren haben, durch deren eigenen Filter die Botschaften aber trotzdem gelaufen sind. Es liegt ganz in deiner Hand – in deiner eigenen Seele –, woran du glaubst und glauben möchtest. Die Lichtwesen fordern dich dazu auf, deinen ganz eigenen Glauben zu erschaffen und ihn mit jedem Funken deiner Fantasie zu gestalten. Es gibt niemals nur Schwarz oder Weiß. Das eine oder das andere. Du kannst von allen Seiten das wählen, was wirklich auf deinem persönlichen Weg liegt. Und das Spektrum ist unendlich.

Erschaffe dich und deine Welt. Glaube, woran du möchtest, und lebe, was du bist. Und was das sein wird, das kannst nur du ganz allein entscheiden. Traue dich!

29

Demut und die FALSCHE Absicht

Lasse uns noch einmal auf das Thema »eigener Filter« zurückkommen. Jeder Mensch besitzt eine einzigartige Persönlichkeit. Eigenschaften, die ihn in den Augen von anderen liebenswert oder manchmal auch anstrengend machen. Charakterzüge, die dazu beitragen, wie er sein Leben lebt.

Unter der unüberschaubaren Zahl an Seelen, die auf der Erde wandeln, gibt es unzählige Menschen, deren Geist schon weit geöffnet ist und die sich immer mehr in höheren Dimensionen bewegen können. Auf der anderen Seite gibt es ebenso viele, die an dieses Feld der Erweiterung noch keinen Gedanken verschwenden wollen.

Mitten unter uns wandeln unerkannt Meister, deren Geist sich schon lange in eine höhere Dimension erhoben hat. In dieser Phase der Erkenntnis und des Seins haben sie gelernt, die Welt mit anderen Augen zu betrachten und mit wahrer Liebe zu erleben. Dieser Zustand der nächsten Entwicklungsebene ist ein wahrer himmlischer Segen. Doch um dahin zu gelangen, braucht es viel. Weit, weit mehr als eine besondere spirituelle Gabe, die ein Mensch vielleicht in die Wiege gelegt bekommen hat und die er in diesem Leben erlernt, erforscht und lebt.

Manchmal ist das Gefühl, eine dieser besonderen Gaben zu besitzen, so überwältigend, dass unser Ego einen gewaltigen Schub bekommt. Die Versuchung ist allgegenwärtig, sich für etwas Erhabenes zu halten und ab einem gewissen Zeitpunkt mit einer sich leise einschleichenden Überheblichkeit auf den Rest der Menschheit hinabzublicken. Unsere Absichten sind dann jedoch nicht mehr rein, und die erhöhte Frequenz unserer Schwingung, die wir uns auf dem Weg so mühevoll erarbeitet haben, fällt schlagartig auf das Ausgangslevel zurück.

Arroganz ist die Schattenseite jeder Gabe.

Wir haben diese besonderen Geschenke erhalten, um damit unseren Mitlernenden auf dieser Welt in bestimmten Situationen helfen zu können. Niemand von uns kann andere Menschen wahrlich von Krankheiten heilen oder sie mit der Hilfe von sogenannten Einweihungsritualen auf eine höhere Stufe der Geistentwicklung heben. Wir können lediglich unsere Hilfe und Ratschläge anbieten, versuchen, die Menschen auf ihren eigenen Weg zurückzubegleiten und ihnen zu helfen, den wunderbaren Lichtfunken in sich selbst wiederzufinden, der ihnen eine Selbstheilung oder Weiterentwicklung überhaupt erst ermöglicht.

Mit besonderen spirituellen Fähigkeiten sind wir keinesfalls besser als jene Menschen, die sich nicht für jene Welt interessieren oder vielleicht erst am Anfang ihrer aufregenden Reise stehen. Wer mit seinem Bewusstsein wirklich die nächsthöhere Dimension erreicht hat, weiß, dass Bewertung und Urteil nur Aspekte der dritten Dimension sind. Als Menschen in dieser dritten Dimension liegt es in unserem Denken und in unserem Charakter, Dinge und uns selbst aneinander zu messen. Wir urteilen schnell und oftmals sehr hart. Wesen aus höheren Dimensionen urteilen nicht mehr. Sie nehmen alles nur in Liebe wahr und stellen ihre Hilfe bedingungslos jenen zur Verfügung, die danach rufen. Und das schaffen sie mit einer himmlischen Leichtigkeit, weil sie die wahre Demut in ihrem Sein erkannt haben.

Demut ist ein großes Wort. Eine Eigenschaft, die zu erlangen eine zeitlose Aufgabe ist. Denn tatsächlich erreichen wir sie niemals endgültig. Wir leben sie, oder wir leben sie nicht.

Lasse dich im Moment jedoch nicht von diesen Worten entmutigen. Es ist nicht dein Ziel, bereits jetzt ein Meister zu sein. Stattdessen hast du die Erde für deine Inkarnation gewählt, um vorher noch viele andere Dinge zu erlernen. Dinge, die du nur hier in einer Welt voller Reibung lernen kannst. Nutze die Zeit, die dir gegeben ist, denn sie ist kostbar – für uns alle.

Doch wann immer du kannst, bleibe deiner weiteren spirituellen Entwicklung gegenüber in einer demütigen Haltung. Demut ist stark mit dem Gefühl der Dankbarkeit verknüpft. Sei auf jedem Abschnitt deines Weges für die neu erlernten Fähigkeiten und Fortschritte dankbar, und übe, mit ihnen umzugehen, als wären sie die kostbarste Leihgabe der höchsten Engel persönlich. Setze sie dann ein, wenn sie gebraucht wird, aber demonstriere niemals dein Können, um einzig deinem Ego Genüge zu tun.

Lasse dich auf deiner Reise von dem tiefen Gefühl in deinem Herzen leiten, denn nur dort kannst du wahre Dankbarkeit empfinden. Und sie ebnet dir den weiteren Weg.

30

ZEIT ist das Spielfeld der Engel

In unserer Welt ist Zeit ein Begriff für Linearität, eine Maßeinheit. Ein Beweis für unsere Existenz. Doch nicht überall unterliegen die Wesen den gleichen Regeln. Tatsächlich lebt jede Dimension nach ihrer eigenen Zeit und ihren eigenen Gesetzen. Sehr oft sind diese in anderen Welten dehnbarer und biegsamer als in unserer. In der feinstofflichen Dimension der Engel ist Zeit nichts weiter als das Spielfeld, auf dem wir uns bewegen. Die Engel sind über unsere Gesetze der Physik erhaben und können die Zeit zu unseren Gunsten nutzen.

Nach einem halben Leben voller physikalischer Lehren mag dir dieser Gedanke erst einmal fremd und kompliziert vorkommen. Doch wenn du deinen Verstand von allen Annahmen und Hypothesen, die du in der Vergangenheit gesammelt hast, befreist, kannst du es vielleicht verstehen.

Stelle dir vor, dass wir Menschen die Figuren auf einem schachbrettartigen Spielfeld sind. Wir können dieses Spielfeld nur aus unserer eigenen, begrenzten Sicht erkennen, zweidimensional, doch die Engel schweben darüber und betrachten das gesamte Brett von oben. Für sie ist alles, was wir über Jahre hier auf der Erde erleben, nur ein einziger Moment. Genauso wie die komplette Entwicklung der Erde. Es ist ihnen erlaubt, Figuren auf diesem Spielbrett zu verschieben, und zwar nicht nur von links nach rechts, sondern auch in unserer Zeit nach vorne und hinten, gerade so, wie es von uns gebraucht wird.

Dein Engel bekommt zu Beginn deines Lebens hier auf der Erde deinen Spielplan in die Hand. Er wird dein Leben von Anfang bis Ende betrachten können, ihn jedoch als einen einzigen Moment sehen. Wenn du nun für deine Entwicklung ein ganz bestimmtes Ereignis zu einem ganz bestimmten Zeitpunkt benötigst, kann er genau in diesem Moment bereits vor einhundert Jahren den Stein dazu auf der Erde ins Rollen bringen – weil es für ihn ein- und derselbe Zeitpunkt ist.

Lasse mich dies anhand eines nicht allzu schwierigen Beispiels erklä ren. Stelle dir dafür vor, unsere Zeit wäre nicht linear wie ein Fluss, sondern einfach nur ein riesiger Teich, in den man an allen Stellen Steine werfen kann, die wiederum Wellen in alle Richtungen erzeugen.

Ein kleines Kind mit blauen Schuhen läuft auf die Straße. Ein herannahender roter Wagen droht es zu erfassen. Der Unfall wäre so schwer, dass das Kind ihn sicher nicht überlebte. Dies steht jedoch nicht im Lebensplan dieser kleinen Seele, denn sie hat auf dieser Welt noch viel vor. Damit sie diesem Unfall entkommen und ihrem weiteren Schicksal folgen kann, wird der Himmel aktiv.

Bereits einen halben Tag vor diesem Moment geht eine junge Frau in ihre Küche und bemerkt, dass sie keine Brötchen mehr für das Abendbrot zu Hause hat. Eigentlich möchte sie gleich noch zum Bäcker laufen, doch da bekommt sie einen Anruf von ihrer Mutter aus der Heimat, die soeben an sie gedacht hat und spontan das Bedürfnis verspürte, ihre Tochter anzurufen. Das Gespräch dauert eine knappe Stunde. Hinterher setzt sich die junge Frau noch an den Computer, weil die Mutter sie gebeten hat, ihr doch einige Bilder vom letzten Urlaub zu schicken. Dies dauert länger als geplant, weil die junge Frau dabei selbst ein wenig ins Schwelgen kommt. Nachdem sie nun aber alles erledigt hat, macht sie sich endlich auf den Weg zum Bäcker und kauft dort fünf Brötchen.

Der Bäcker hatte an jenem Morgen gute Laune, weil ihm seine kleine Enkelin bereits zum Frühstück ein besonders hübsches Bild gemalt hatte, und beschloss spontan, an diesem Tag zu jedem Kauf von fünf Brötchen noch ein sechstes obendrauf zu legen. Das tut er auch bei der jungen Frau, die soeben vor ihm an der Theke steht.

Die junge Frau geht erfreut nach Hause, weiß aber, dass sie nur fünf Brötchen brauchen wird, und beschließt spontan, das sechste unterwegs an ein paar Tauben zu verfüttern. Sie bleibt am Straßenrand stehen, da hier zwei Tauben sitzen, und streut einige Krümel auf den Weg. Weitere Tauben werden davon angelockt und kreuzen im Tiefflug die Straße.

Gerade in diesem Moment geschehen zeitgleich noch zwei andere Dinge: Ein kleines Kind mit blauen Schuhen reißt sich von seiner Mutter los und läuft auf die Straße. Und: Der Fahrer eines roten Autos wird von den herbeifliegenden Tauben erschreckt und reißt das Lenkrad um. Der Wagen kommt einen Meter von der Fahrspur entfernt zum Stehen. Er ist an dem kleinen Kind mit den blauen Schuhen vorbeigefahren, ohne es zu streifen. Das Kind, seine Mutter, der Fahrer, die junge Frau mit den Brötchen und die Tauben kommen alle mit einem Schrecken davon.

Was ist deiner Meinung nach hier geschehen?

Das Wort, das in dieser Geschichte immer wieder gefallen ist, lautet »spontan«. Doch immer, wenn wir etwas vermeintlich spontan machen, steckt eine Intuition dahinter. Intuition ist unser siebter Sinn, unser Herzgefühl. Und ein Herzgefühl wird meist von der Berührung und den Worten unserer Engel oder anderer liebevoller Lichtwesen ausgelöst.

Wir mögen diesen Vorfall am Ende vielleicht nur als eine Reihe von glücklichen Zufällen bezeichnen, doch in Wahrheit haben die Engel zu genau jenem Zeitpunkt, als der Unfall kurz bevorstand, im See der Zeit einige Weichen gestellt. Da sie auf Vergangenheit und Zukunft gleichermaßen zugreifen können, konnten sie die beteiligten Menschen und Tiere mit gezielten Impulsen wie Schachfiguren rechtzeitig lenken und somit einen glimpflichen Ausgang herbeiführen. Sie hätten das Kind selbst nicht einfach packen und auf diese Weise aufhalten können. Doch dadurch, dass sie immer wieder kleine Impulse in die Herzen einiger empfänglicher Personen gepflanzt haben, konnten sie die Zeit für sich nutzen und all diese kleinen, wichtigen Ereignisse aneinanderreihen.

Du siehst also, Zeit bewegt sich nur für uns in einer geraden Linie. Für die Engel und Lichtwesen ist sie jedoch ein Raum, in dem sie sich in sämtliche Richtungen frei bewegen können. Und nun stelle dir einmal vor, zu welchen Zeiten sie all die richtigen Impulse gesetzt haben, damit du genau in diesem Moment diese Zeilen lesen kannst.

Zeit ist in unserer Dimension nichts weiter als ein Hilfsmittel, das wir für die Existenz auf diesem Planeten benötigen. Dort, wo wir herkommen, in der Quelle allen Lichts, gibt es sie nicht. Unser Verstand ist in dieser Inkarnation so begrenzt, dass wir sie brauchen, um uns daran zu messen, doch die Quelle misst nicht. Sie ist einfach.

Vielleicht wird es mit folgendem Sinnbild etwas klarer: Stelle dir die Quelle allen Ursprungs als eine wunderbar strahlende Lichtquelle vor, mitten im Universum. Um sie herum erstreckt sich der Kosmos mit all seinen Dimensionen und Abermillionen Sternen und Planeten darin. All diese Planeten sind Ausflugsorte für uns. Auf ihnen dürfen wir für einen gewissen Zeitraum inkarnieren, wir dürfen dort leben und mit unserem Tod wieder in die Quelle zurückkehren. Um ein Leben auf einem Planeten leben zu können, brauchen wir Zeit. In der Quelle des Lichts hingegen existiert Zeit nicht. In jener strahlenden Kugel existiert nur Sein. Die Seelen kehren in ihrem reinsten Zustand dorthin zurück, wenn sie genug Erfahrungen gesammelt haben. In dieser Kugel des Seins wird Zeit nicht gebraucht. Eine Milliarde Jahre passieren dort in nur einem einzigen Augenblick. Und ein Augenblick kann sich über eine Milliarde Jahre erstrecken. Und doch ist er zeitlos. Es ist nur ein Moment. Der Moment. Es ist der Moment allen Seins. Genauso, wie du in der Quelle des Ursprungs kein Handy, kein Auto, keinen Stift und kein Papier brauchst, um »existieren« zu können, so brauchst du auch die Zeit nicht. Du wirst immer und immer wieder in den Ursprung zurückkehren, dort einfach nur sein und dir neue Herausforderungen wählen, die du dann auf einem Planeten oder in einer bestimmten Dimension antrittst.

Es gibt viele Dimensionen. Je höher der Geist entwickelt sein muss, um in einer Dimension existieren zu können, desto höher ist die Zahl, die wir ihr geben. Einzig die Quelle allen Ursprungs trägt keine Zahl mehr. Denn sie ist jene Dimension, die einfach nur ist.

Zeit ist relativ.

31

Die *Gefahr* einer ZUKUNFTS-VORHERSAGE

Ich möchte in diesem Kapitel noch einmal auf die Themen »Eigener Filter« und »Gaben« zurückkommen und dir einen überaus wichtigen Rat mit auf den Weg geben. Er mag dir an dieser Stelle wie aus heiterem Himmel erscheinen, doch er ist wohlbedacht. Seine Gewichtigkeit wird dir vermutlich erst bewusst, wenn du ihn einmal missachtet hast.

Hüte dich vor dem Blick in deine Zukunft.

Wir alle wandeln auf denselben Pfaden, in dieselbe Richtung. Einzig darin, wie unsere Wege aussehen, unterscheiden wir uns. Doch eines ist allen Menschen gleich: die göttliche Neugier.
Ohne sie würden wir uns tatsächlich keinen Zentimeter von der Stelle bewegen. Wir hätten keinen Drang, zu erforschen, was vor uns liegt, wohin wir uns bewegen können und was wir auf dem Weg noch alles erreichen mögen.

Aus Ungeduld glauben wir manchmal, das Leben austricksen und unseren Weg abkürzen zu können. Was mag wohl die Zukunft bringen? Was hält mein Schicksal für mich bereit? Ich gehe jede Wette ein, dass auch du dir diese Fragen schon einige Male in deinem Leben gestellt hast. Und manchmal treffen wir auf Menschen, die uns bis zu einem gewissen Grad sogar eine Antwort darauf geben können. Ich meine hier keine Jahrmarktwahrsager, sondern tatsächlich ausgebildete Astrologen, die in deinen Sternen lesen können, oder auch Menschen, die mit einer besonderen Gabe der Vorahnung gesegnet sind. Stehst du einem von ihnen gegenüber, ist die Versuchung groß, nach zukünftigen Ereignissen zu fragen. Doch bedenke vor jeder Frage, die du an einen anderen Menschen bezüglich deines ganz persönlichen Seelenplans stellst, dass nur du allein die Fäden deines Schicksals in der Hand hältst und jede Botschaft, die dein Gegenüber in diesem Moment für dich empfangen mag, durch seinen persönlichen Filter läuft.

Deine persönliche Zukunft kann niemand anderer auf dieser Welt glasklar vor sich sehen, weil sie von einer ganzen Reihe an freien Entscheidungen abhängt, die nur du allein treffen wirst. Ehe die Sache eintreten kann, die dir diese Person voraussagt, wirst du dich an einer Million Wegkreuzungen für eine bestimmte Richtung entscheiden müssen. Diese Entscheidungen hast du noch nicht getroffen, wie also könnte dir ein Fremder bereits das Ende dieser Reise vorhersagen? Vielleicht mag diese Person tatsächlich die Energie bestimmter Ereignisse auf deinem Weg erspüren und erahnen, doch selbst diese Energien unterliegen einem steten Wandel durch jede deiner Entscheidungen.

Solltest du jemals der Versuchung erliegen und tatsächlich eine Zukunftsvorhersage erbitten, sei dir bewusst, dass du in diesem Moment den Stift für deinen Lebensplan aus der Hand gibst und zulässt, dass jemand Fremder deine Zukunft für dich schreibt, denn: Unser Denken in diesem menschlichen Körper ist erschreckend leicht beeinflussbar. Wir glauben, an jemanden geraten zu sein, der weiser ist als wir, doch sehen wir niemals, welchen Weg er selbst für sich gewählt und welche Prüfungen er gerade zu bestehen hat. Was auch immer dir diese Person mitteilt, wurde durch ihren persönlichen Entwicklungsstand gefiltert. Es wird niemals die kristallklare Wahrheit sein, die du dir vielleicht erhoffst, denn die gibt es nicht. Doch ihre Worte werden Gewicht haben. Sie verändern dich. Dein Denken. Deine Zukunft. Und letztlich sogar deinen Weg.

Was auch immer du von dieser Person hörst, ob gut oder schlecht, und egal, wie viel Glauben du ihr am Ende wirklich schenkst, die Botschaft, die du erhalten hast, wird in deinen Gedanken kreisen. Du kannst die Worte hinterher nicht mehr »zurücknehmen«. Du kannst sie auch kaum vergessen, weil der Moment für dich mit einer gewaltigen Emotion einherging und wir uns Dinge besonders gut merken, wenn sie an Gefühle gebunden sind.

Deine Gedanken machen dich aus. Sie bestimmen dein Handeln. Und dein Handeln wird zu deiner Realität. Ob du nun willst oder nicht, ob es tatsächlich so oder anders gekommen wäre, du hast soeben dieser Person erlaubt, ein bestimmtes Ereignis in deinen Lebensplan zu schreiben, das du nun kaum noch umgehen kannst. Und vielleicht nicht nur eines, sondern gleich mehrere.

Wer mit seiner Gabe der Vorausahnung wirklich weise und verantwortungsvoll umgeht, würde es kaum wagen, dich und deinen Lebensplan auf diese Art zu beeinflussen. Selbst wenn er die Energien bestimmter Ereignisse in deiner

Zukunft zu spüren vermag, würde er dir diese zum jetzigen Zeitpunkt nicht darlegen, um deine Geschichte dadurch nicht zu verändern. Denn damit würde er deinen freien Willen und deinen selbstbestimmten Weg beeinträchtigen. Ein wahrer Meister würde das kaum wollen und könnte es auch nicht vor der aufrichtigen Liebe seines Seins verantworten.

Ich möchte dir diese schwere Kost mit einem recht einfachen Beispiel näherbringen, weil sie unendlich wichtig ist: Stelle dir vor, du bist seit mehreren Jahren verheiratet. Die Beziehung ist nicht immer leicht, doch mit ein bisschen Arbeit bringt ihr beide euch weit voran. Immer wieder kommt es zu Reibungen, doch wie ich schon einmal sagte: Reibung schafft Wärme – und Wärme ist Energie. Nun triffst du auf einen Astrologen oder eine Person mit der Gabe der Vorahnung, und deine Neugier treibt dich dazu, sie zu fragen: »Wie wird meine Ehe in den nächsten Jahren aussehen? Werden wir bis an unser Lebensende glücklich sein?« Und insgeheim erhoffst du dir zur Antwort ein klares Ja. Doch die Gabe dieser Person lässt sie die Energie einer weiteren großen Reiberei zwischen dir und deinem Partner erfühlen, weil schwere Energie einfacher zu empfangen ist als leichte. Sie weiß nicht, wie ihr beide mit Reibereien umgeht. Dass ihr sie tatsächlich nutzt, um aneinander zu wachsen. Im eigenen Leben der Person führte Reiberei vielleicht immer zur Trennung, denn ihr Weg ist ein anderer als deiner. Und ihr Weg bestimmt ihren Filter. Wie soll sie diese schwere Energie nun also deuten? Aus ihrer eigenen Erfahrung heraus würde diese heftige Reibung eine Trennung nach sich ziehen. Und das ist es, was sie dir prophezeien wird: »Euch steht eine Trennung bevor.«

Die Botschaft trifft dich wie ein Blitz. Eine Unzahl an Emotionen wie Schock, Enttäuschung, Angst und Trauer gehen damit einher. Gefühle, die dieses Bild der Trennung in deine Gedanken brennen wie ein Laser. Noch wochenlang hörst du immer wieder die Worte dieser Person und überlegst, wie es nach einer tatsächlichen Trennung von deinem geliebten Partner weitergehen soll. Vielleicht hast du das Glück, die Botschaft für einige Zeit vergessen zu können, doch plötzlich kommt es in deiner Beziehung wieder einmal zu einem heftigen Streit. Eigentlich könnte dieser wie immer gut ausgehen, mit einer Versöhnung und einer noch engeren Bindung. Doch in diesem Moment hörst du die Worte der Wahrsagerin in dir, und dein erster Gedanke wird sein: »Jetzt passiert es wirklich.« Und weil sich die Vorstellung einer Trennung in der Zwischenzeit so unglaublich tief in dein Bewusstsein und dein Unterbewusstsein graben konnte, wirst du womöglich nicht wie sonst nach deinem eigenen Herzgefühl handeln und eine Versöhnung anstreben, sondern bereits unbewusst auf die Trennung zusteuern. Alles in dir sträubt sich dagegen, aber was sollst du tun? Immerhin ist das doch dein Schicksal, denn die Wahrsagerin hat es dir genau so prophezeit, nicht wahr? Dass du aber diese irrsinnige Prophezeiung durch einen Fehlglauben gerade selbst erfüllst, ist dir in diesem Moment gar nicht bewusst.

Darum lasse mich dir noch einmal in aller Liebe für dich und deinen Seelenplan raten: Gib Acht, wem du erlaubst, deine Handlungen zu bestimmen.

Was ist, wenn du nun doch den Leichtsinn begangen und dir eine Zukunft hast vorhersagen lassen, auf die du aber nicht zusteuern möchtest? Wie kommst du aus dieser Schicksalsfalle wieder heraus?

Eine einfache Antwort darauf gibt es leider nicht. Hier kommt es darauf an, wie stark dein Geist inzwischen ist und wie viel Vertrauen du in dich selbst hast. Es mag dir helfen, das Ereignis wieder aus deinem Plan zu entfernen, da du nun die Zusammenhänge mit dem persönlichen Filter und der Selbstüberschätzung mancher Wahrsager kennst. Vertraue darauf, dass es niemandem zusteht, den Stift für deinen Lebensplan zu übernehmen, und dass dir die lichten Wesen in deinem engsten Kreis immer helfend zur Seite stehen. Wende dich mit einem innigen Wunsch nach Erlösung aus dieser Gedankenfalle an sie.

Und dann mache dir bewusst, dass du den Gedanken loslassen musst, um nicht mehr auf seine Erfüllung zuzusteuern. Lasse ihn fallen, und schicke keine weitere Energie an ihn, weder gute noch schlechte. Ersetze ihn stattdessen durch einen höheren, liebevollen, lichten Gedanken. Male dir ein Bild aus, das jenes ungewollte Ereignis in deinem Lebensplan überschreibt. Halte an diesem neuen Bild fest, und gehe voller Vertrauen und Liebe darauf zu.

Nimm den Stift für deinen Lebensplan wieder selbst in die Hand, und halte ihn um Himmels willen recht gut fest.

32

Astrologie, die ZUKUNFT und die Vergangenheit

Astrologie ist ein sehr machtvolles Instrument der Vorhersage, doch anders als bei Menschen mit einer besonderen Gabe der Vorausahnung beschäftigt sich diese Wissenschaft mit den Zusammenhängen zwischen Sternen- bzw. Planetenkonstellationen und irdischen Vorgängen. Besonders interessant ist für uns der Planetenstand zum Zeitpunkt unserer Geburt, weil hier eine unendliche Zahl an Kräften auf uns einwirkte, die unser Leben und unseren Charakter bis zu einem gewissen Grad vorherbestimmten. Nicht umsonst sind jedem Sternzeichen besondere Charaktereigenschaften zugeschrieben, obgleich die Betrachtung des Zeichens allein keine tiefen Einblicke erlaubt.

Wer sich hingegen tiefer in diese Wissenschaft und Materie hineingearbeitet hat, vermag durch genaueste Berechnungen tatsächlich Ereignisse mit besonderem Charakter in der Zukunft zu erkennen. Doch auch hier gilt wieder die Warnung aus dem letzten Kapitel, dass ein Astrologe niemals eine glasklare Sicht auf deine persönliche Zukunft hat und mit mehr oder weniger deutlichen Aussagen eine gravierende Veränderung deines Lebensplans herbeiführen kann. In jedem Fall wird so eine Aussage eine Erwartungshaltung hervorrufen und somit dein Handeln und auch deine Lebensqualität verändern. Das kann natürlich in beide Richtungen erfolgen, positiv wie negativ. Darum überlege dir gut, welche Fragen du stellst, ehe du einen Astrologen einen Blick auf dein Horoskop werfen lässt. Während Zukunftsvorhersagen nämlich überaus erschütternd enden können, kann dir eine tiefere Einsicht in deinen Charakter sehr wohl nützlich sein.

Wer die Zusammenhänge zwischen den Planetenständen und deinem Geburtszeitpunkt kennt, kann dir oftmals Aufschluss darüber geben, an welchen Themen du dich in diesem Leben reiben wirst, was deine Stärken sind und wie du sie für dich nutzen kannst. Auch eine hilfreiche Erklärung deiner generellen Herausforderungen, die in deinem Geburtscode geschrieben stehen, kann dir helfen, sie gestärkt und vor allem klug in Angriff zu nehmen.

Stoßen wir immer wieder an dieselben Themen in unserem Leben, mag ein Sinn dahinterliegen. Wie schon an früherer Stelle erwähnt, haben wir uns diese Themen selbst ausgesucht. Wir haben mit unserer Geburt genau bis zu jener Sekunde gewartet, in der all diese Kräfte so auf uns einwirkten, dass wir unseren Lebensplan beginnen konnten. Die Lektionen zu durchleben und dabei zu lernen, ist unsere Aufgabe, die manchmal tatsächlich unerfüllbar scheint. Wenn wir aber verstehen, warum gewisse Dinge immer wieder unseren Weg kreuzen und welche Planetenkonstellationen und Umstände dafür verantwortlich sind, können wir sie von einer völlig anderen Seite betrachten und neu angehen. Verständnis hilft uns immens auf dem

Weg zur Lösung – und in manchen Fällen auch einfach nur beim Erdulden gewisser Umstände. Das Fragen nach dem »Warum« hat plötzlich ein Ende. Nun können wir uns auf eine neue Frage konzentrieren. Und diese lautet: »Wie kann ich damit arbeiten?«

Lasse mich dir abschließend zum besseren Verständnis noch ein einfaches Beispiel geben. Nehmen wir an, du gerätst dein ganzes Leben lang immer wieder an Menschen, die nicht an dich glauben. In der Familie, in der Schule, in der Partnerschaft und vielleicht sogar im Freundeskreis. Immer wieder diese emotionale Ohrfeige zu erhalten, kann dich mit der Zeit zermürben, vor allem, wenn du einfach nicht erkennen kannst, warum dein Umfeld so unbegreiflich wenig vertrauensvoll auf dich reagiert. Du musst dich über all die Jahre immer wieder beweisen. Dein Leben ist ein harter Kampf, und manchmal drohst du an all dem Widerstand zu verzweifeln.

Was macht es aber mit dir, wenn ich dir nun sage, dass ein ganz bestimmter Planet im Horoskop deiner Geburtsstunde dafür verantwortlich ist? Du kannst um Anerkennung betteln und flehen, dieser Planet wird sie dir immer verwehren. Du kannst ihn nicht einfach ausradieren. Aber du kannst aufgrund dieser neuen Information deine Einstellung überdenken. Durch das Verständnis, dass du diese Sternenkonstellation aus einem ganz bestimmten Grund für dich gewählt hast, kannst du vielleicht deine Opferhaltung ablegen und erkennen, zu welchem Menschen und starken Charakter dich diese Begebenheit tatsächlich gemacht hat.

Immer musstest du gegen Widerstand antreten, und immer musstest du deine Fähigkeiten unter Beweis stellen. Dadurch hast du einen enormen Kampfgeist entwickelt und es dir zur Gewohnheit gemacht, nicht nur bequeme 70 %, sondern überragende 125 % zu geben. Du hast Dinge erreicht, die du ohne diese unerkannte Herausforderung und Aufforderung dazu vielleicht niemals geleistet hättest.

Wo stehst du heute in deinem Leben? Bist du mit dir selbst und deinen Leistungen zufrieden? Und hättest du sie ohne diesen Widerstand tatsächlich vollbracht?

Das Leben steckt voller kleiner *Wunder.*

Und manche davon hast du dir vor langer Zeit sogar selbst in deinen persönlichen *Himmel* geschrieben.

33

DRUCK *erzeugt* GEGENdruck

Hast du dir schon einmal etwas ganz fest gewünscht, und es wollte und wollte einfach nicht in Erfüllung gehen? Und in dem Moment, als es dir dann irgendwann egal war, weil dir das Warten zu lange gedauert hat, kam es auf einmal ganz von allein?

Das Prinzip dahinter ist eigentlich so einfach wie gemein. Druck erzeugt Gegendruck. Je mehr wir uns auf etwas versteifen, desto weniger wird es passieren, weil die Energie, mit der wir uns darauf konzentrieren, einen geistigen Krampf auslöst. Und der verschließt uns vor dem entspannten Fluss der Dinge. Wir sind dann so angespannt und verhärtet, dass das sanfte Ereignis gar nicht in unser Energiefeld eintreten kann. Es prallt wie an einer unsichtbaren Mauer ab.

Stelle dir alle Wünsche, die du hast, wie den Charakter einer Katze vor. Hast du schon einmal versucht, eine Katze auf dem Schoß zu behalten, wenn sie eigentlich zum Futternapf will? Du kannst sie packen und zum Sitzen zwingen, doch je fester du sie hältst, desto heftiger wird sie sich wehren. Sie wird anfangen, zu kratzen und zu beißen, bis du sie loslässt.

Erst, wenn du deine verkrampfte Haltung der Katze gegenüber aufgibst und dich wieder entspannt zurücklehnst, deine Gedanken vielleicht schon lange in eine andere Richtung abgedriftet sind, dann wird die Katze wieder ganz von allein auf deinen Schoß springen und darauf warten, dass du sie streichelst. Und so ist das mit allen Dingen, die wir wollen. Je entspannter wir ihnen gegenüberstehen, desto leichter können sie in unser Energiefeld eindringen. So ist es auch, wenn wir uns wünschen, dass die Zeit schneller vergeht, oder wenn wir etwas Bestimmtes unbedingt schaffen wollen. Je verkrampfter die Energie ist, die wir mit unseren Gedanken an die Sache senden, desto mehr erwirken wir damit das genaue Gegenteil.

Loslassen lautet hier die Lösung. Und das erreichst du durch ständiges Üben darin, deinen Geist zu entspannen und Dinge zwar einmal herbeizuwünschen, sie dann aber nicht permanent in deinen Gedanken zu behalten, sondern darauf zu vertrauen, dass sie zum rechten Zeitpunkt schon passieren werden. Ablenkung durch andere Dinge kann dir hierbei eine große Hilfe sein.

34

Das RICHTIGE *Wünschen*

Die Sache mit dem Wünschen ist gar nicht so einfach. Wie du bereits weißt, erreichst du mit dem verkrampften Herbeisehnen einer bestimmten Sache meist nur das Gegenteil. Druck erzeugt Gegendruck, das haben wir ja bereits besprochen. Aber natürlich bedeutet das nicht, dass du niemals bekommen wirst, was du willst. Im Grunde geht es einzig und allein darum, deine Wünsche richtig zu gestalten.

Viele Menschen meinen, positives Denken wäre der Schlüssel, doch selbst das stimmt nur bis zu einem gewissen Grad. Tatsächlich hilft dir positives Denken rein gar nichts, wenn deine innere Einstellung nicht im Einklang damit schwingt.

Lasse mich dazu kurz ein Beispiel anführen, das zwar nichts mit dem Wünschen selbst zu tun hat, das du dir aber sehr einfach vorstellen und gut nachvollziehen kannst.

Eine junge Frau ist ständig mies gelaunt, weil sie Schulden bei der Bank hat und mit dem wenigen Geld, das ihr bleibt, nur schwer über die Runden kommt. Eine Freundin rät ihr, positiv über ihre Finanzen zu denken, dann würde sich für sie bald alles zum Guten wenden. Also sagt sich die junge Frau mit Anbruch des nächsten Tages ständig folgenden Satz vor: »Ich bin reich.«

Der Satz jedoch entstammt einem oberflächlichen Denken, ohne tief verbundene Emotion, während sie in ihrem Herzen immer noch den Frust des schwer belasteten Bankkontos mit sich herumträgt. Ihr Verstand sagt: »Ich bin reich.« Doch in ihr sieht sie sich immer noch als das Opfer und nicht als eine reiche Person. Und obwohl sie diesen Satz über Wochen vor sich hersagt und sich dabei sogar immer wieder zu einem Lächeln zwingt, ändert sich an ihrem Kontostand gar nichts. Letztlich ist nur eines gewachsen, nämlich ihr Frust. Und das ist die gefährliche Abwärtsspirale, die positives Denken auch hervorrufen kann. Nicht selten endet es mit einer Enttäuschung, die uns das Vertrauen nimmt.

Wie also funktioniert Wünschen wirklich?

Das richtige Wünschen geht weit über eine positive Formulierung hinaus. Es erfordert zugleich die richtige Schwingung in unserer Seele. Das richtige Gefühl in unserem Herzen.

Lasse uns diesmal einen neuen Job als Beispiel wählen. Du arbeitest schon einige Jahre in einer Firma und strebst die Beförderung zum Abteilungsleiter an. Das Aufgabengebiet wäre sehr viel umfangreicher, und du hättest viel mehr Verantwortung – eine spannende und positive Herausforderung für dich. Außerdem würdest du weitaus besser bezahlt werden.

Kannst du dir vorstellen, wie sich jemand fühlt, der erst kürzlich in genau diese Position befördert wurde? Siehst du das Strahlen in seinem Gesicht? Die aufrechte, stolze Haltung? Das selbstbewusste Auftreten in Anzug und Krawatte? Wie er charmant lächelt, während er die Hand eines Kunden schüttelt, der mit ihm für ein Beratungsgespräch in seinem neuen Büro verabredet ist?

Atme tief, und stelle dir vor, du bist diese Person. Es ist dein zweiter oder dritter Arbeitstag in dieser Position, und du hast gerade ein paar Minuten für dich allein im Büro. Langsam und genüsslich lässt du dich in den Sessel hinter dem großen Schreibtisch sinken. Zufrieden blickst du durch den Raum, streichelst vielleicht selbstbewusst über das brandneue Telefon, nimmst den edlen Kugelschreiber in die Hand und schlägst die teure Notizmappe vor dir auf. Kannst du das Leder dieser Mappe riechen? Fühlst du den kühlen, schweren Stift zwischen deinen Fingern?

Je mehr du dich mit deiner Frequenz in die Person, die du sein möchtest, einschwingen kannst, desto intensiver manifestierst du diese Realität bereits. Tue für ein paar Minuten so, als hättest du die Stelle bereits erhalten, und spüre die Zufriedenheit und den Stolz in dir aufsteigen. Spüre sie in deinem Herzen, und fühle das Lachen, das sich vor Freude in deinem Zwerchfell anbahnt. Denke nicht, sondern halte nur an diesen Emotionen fest. Spiele die Rolle! Dadurch erschaffst du ganz gelassen und losgelöst bereits diese Realität um dich herum. Du baust sie Stück für Stück auf wie die Ziegel eines Hauses.

In dieser entspannten Haltung siehst du den Job nicht mehr als etwas in weiter Ferne, wonach du verkrampft die Finger ausstrecken musst, sondern fühlst dich bereits in diesem Job und lässt nun das Universum dahin gehend für dich arbeiten. Mit deiner Frequenz lieferst du den Bauplan für diese neue Realität. Das Universum ist die Baufirma und muss nur noch einen Stein auf den anderen setzen.

35

Musik ist der SCHLÜSSEL

Seit den ersten Zeilen dieses Buches arbeiten du und ich gemeinsam darauf hin, deine innere Schwingung auf das nächste Level zu erhöhen, damit du leichter in Kontakt mit den lichten Wesen treten und dich mit der verborgenen Welt hinter den mystischen Nebeln verbinden kannst. Wie wichtig die eigene Frequenz ist, weißt du also schon.

Da du inzwischen an dieser Stelle des Buches angelangt bist, lasse mich dir sagen, wie sehr ich deinen Ehrgeiz bewundere. Auch deine lichtvollen Begleiter beobachten dich mit Liebe und Stolz und wollen dich das in diesem Moment wissen lassen. Als kleines Geschenk möchten sie dir das Geheimnis der Musik offenbaren, damit du sie fortan für dich als Schlüssel nutzen kannst.

Musik ist reinste Schwingung. Sie kann die Frequenz ihres Umfelds verändern. Sogar die der Menschen. Der Code deiner Seele ist in Tönen geschrieben. Die Tonabfolge ist so etwas wie dein tiefster

Seelenname. Wenn wir Musik hören, die ähnlich unserer eigenen Tonfolge schwingt, berührt sie uns tief und bringt uns Harmonie. Im entgegengesetzten Fall kann Musik, die völlig konträr zu unserer Frequenz klingt und schwingt, ein unangenehmes Chaos in uns erzeugen. Bestimmt hast du schon einmal einen neuen Song im Radio gehört und wusstest bereits nach den ersten paar Akkordfolgen, ob dir dieses Lied gefällt oder nicht. Das liegt daran, dass deine Seele reagiert, bevor dein Verstand es tut.

Wenn du den Schlüssel zu deiner eigenen Seele erst einmal in der Hand hältst und verstanden hast, wie du ihn gebrauchst, kannst du ihn zu deinem Vorteil nutzen, wann immer du möchtest. Denn du kannst damit gezielt deine Frequenz verändern und, wie bereits im vorigen Kapitel erklärt, eine neue Realität für dich erzeugen. Verwende Musik in allen Situationen, in denen du deine Schwingung in eine besondere Richtung verändern willst. Manche Melodien lassen dich fröhlich werden, sie heben die Laune. Manche lassen Tränen fließen und lösen somit Blockaden. Wieder andere schenken dir Selbstvertrauen. Es gibt Lieder, die lassen uns hübsch fühlen. Lieder, die uns das gute Gefühl geben, dass für uns kein Ziel zu fern ist, und Lieder, die uns förmlich in ein spannendes Abenteuer hineinziehen.

Welche Lieder das für dich sind, kannst nur du allein entscheiden, weil jede Seelenmelodie anders klingt. Achte in den nächsten Tagen gezielt auf deine Reaktion auf bestimmte Lieder. Beobachte, wie sie dich innerlich verändern. Wie sie deine inneren Kräfte aktivieren. Und speichere sie dann für die Zukunft, zum Beispiel indem du dir eine persönliche Playlist zusammenstellst. Vielleicht hast du in der Vergangenheit sogar schon einige Lieder gesammelt, von denen du bereits weißt, auf welche Weise sie dich bewegen. Nutze sie mit diesem neuen Wissen, um intensiver mit dir selbst in Kontakt zu kommen.

Ich möchte dir an dieser Stelle noch ein kleines Geschenk mit auf die Reise geben. Wenn du dir etwas von deinen Engeln, den Elben und Feen und auch vom Universum wünschst, dann höre, singe oder summe dabei ein Lied. Durch seine Schwingung wird dein Wunsch noch viel weiter und lauter durch die Dimensionen getragen und kann, sofern die Sache gut für dich ist, auf wundersame Weise erfüllt werden.

Der Code deiner Seele ist in Tönen geschrieben.

36

Deine *persönlichen* VORREITER

An dieser Stelle möchte ich dir wieder eine kleine Botschaft deiner Engel zutragen. Sie spüren, dass du langsam lernst, deine äußere Realität immer mehr deinen inneren Wünschen anzugleichen, und schenken dir deshalb das Wissen über einen weiteren Teil deines himmlischen Teams.

Du kennst bereits deinen Schutzengel und inzwischen vielleicht auch schon einige deiner Seelenbegleiter. Vielleicht unterhältst du dich tatsächlich auch schon gezielt mit ihnen, seit du angefangen hast, dieses Buch zu lesen. Das Wissen und das Können dazu hast du bereits. Neben ihnen steht dir aber auch noch eine Delegation an Engeln zur Verfügung, die dir in vielen Situationen als Vorreiter dienen können und möchten. Wie viele es sind und wie sie für dich in Erscheinung treten wollen, wirst du herausfinden, wenn du dich geistig mit ihnen verbindest. Dazu genügt auch hier wieder ein einziger Gedankenfunke.

Gefühlsmäßig sind es zwischen fünf und neun dieser Engel, die du dir, wenn du möchtest, wie die Ritter eines Königs auf mächtigen geisterhaften Streitrössern vorstellen kannst. Wann immer du etwas Wichtiges in Angriff nehmen willst, kannst du sie bereits Stunden oder auch Tage und Wochen zuvor losschicken, damit sie das Feld für dich ebnen. Gib ihnen den Auftrag, alles zu deinem besten Wohle vorzubereiten. Sie können dir dahin gehend helfen, dass sie bezüglich der Situation eine für dich gunstige Stimmung und Lage hervorrufen. Dass kleine Zufälle im Spiel der Zeit zu deinen Gunsten geschehen. Dass alle Beteiligten die richtigen Worte im richtigen Moment sprechen werden. Wie immer dein Vorhaben aussehen mag, lasse deine Engeldelegation bereits im Vorfeld ihre Wirkung tun, und schreite im rechten Moment zuversichtlich wie ein König auf das Feld. Habe Vertrauen in dein Team, und bedanke dich bereits in dem Moment, wenn du sie losschickst, für ihre liebevolle Arbeit.

37

Hilf dir *selbst*

Inzwischen hast du vielleicht schon gemerkt, dass dir die Engel und Lichtwesen aus den höheren Dimensionen immer mehr Unterstützung und Wissen zuteilwerden lassen, je weiter du in diesem Buch vorankommst. Dies hat einen ganz bestimmten Grund. Niemand sollte die Arbeit eines anderen tun, und niemand sollte für andere Menschen Probleme lösen. Wenn jedoch die Eigeninitiative so groß ist, dass wir uns selbst aus einer unangenehmen Situation befreien wollen oder wir auch einfach mit Hingabe an eine neue Sache herangehen, so ziehen wir im nächsten Moment bereits die Hilfe wie ein Magnet an.

Hilf dir selbst, dann wird dir geholfen.

Du kennst das vielleicht von dir selbst, wenn es um Hilfe für andere geht. Wenn du es mit jemandem zu tun hast, der zwar in seiner Situation unglücklich ist, außer darüber zu klagen aber keinerlei Anstalten macht, etwas aus sich heraus zu verändern, dann verlässt dich sehr bald schon der Wille, diese Person in ihrem Vorwärtskommen zu unterstützen. Das ist auch gut so, denn wir sind für niemand anderen verantwortlich als für uns selbst. Wenn diese Person aber dafür kämpft, selbst eine Besserung herbeizuschaffen, dann löst das auch in uns den tiefen Wunsch aus, ihr dabei eine helfende Hand zu reichen und sie mit all unserer Weisheit und unserem Einsatz zu unterstützen.

Ebenso verhält es sich auch mit den lichten Wesen. Sie können und wollen dein Leben nicht für dich leben, denn das ist allein deine Aufgabe. Es sind deine Herausforderungen und Lektionen, nicht ihre. Aber sie stehen dir in dem Moment, in dem du dich selbst aufrappelst und etwas in Angriff nimmst, voller Liebe und Tatendrang zur Seite. Dafür wurden sie zu dir geschickt.

Zeige ihnen, wie dankbar du ihnen für ihre Unterstützung bist, indem du dich weiterhin um dich bemühst und dich selbst nicht aufgibst.

Bleibe stark und tapfer.

Das Leben kann so spannend sein.

38

Elfen und ALLERLEI

Lasse uns heute dein Team an Unterstützern noch einmal ein wenig erweitern. Und zwar um eine Vielzahl an lichten Wesen, die in unzähligen verschiedenen Welten und Dimensionen existieren. Sie wandeln zum Teil auch direkt neben dir.

Während dein Schutzengel, deine Vorreiter und deine ganz persönlichen Seelenbegleiter in diesem Leben einzig und allein für dein Wohl verantwortlich sind, gibt es noch jede Menge andere mystische Wesen, die nicht nur dir, sondern der gesamten Menschheit mit ihrem Rat und ihren Kräften zur Seite stehen. Zu ihnen gehört das hohe Volk der Elben, das vor einer Million Jahren mit uns auf der Erde gelebt hat. Die Elben haben sich irgendwann in eine höhere Dimension zurückgezogen, um von der schwereren Schwingung der Erde nicht beeinflusst zu werden. Dennoch kannst du den Nachhall ihrer Existenz immer noch wahrnehmen und ihren Spirit für Rat oder Unterstützung bezüglich deines Handelns herbeirufen.

Elben sind ein Volk der Wälder. Sie sind große, edle Gestalten, von denen dir jede mit einer ganz eigenen besonderen Kraft begegnen wird.

Verwechsle sie nicht mit dem Volk der Elfen. Diese kleinen, nur fingergroßen Geschöpfe wandeln auch heute noch auf unserer Erde. Elfen sind tief mit der Welt der Pflanzen verbunden. Sie sind die Hüter der Natur, und wenn du sie darum bittest, bringen sie dir Botschaften aus der Pflanzen- und Tierwelt. Die Menschen auf Island wissen auch heute noch um ihre geheimnisvolle Existenz und ehren sie tatsächlich mit einem richtigen Elfen-Komitee in deren Gemeinden. Wenn in Island neue Straßen gebaut werden sollen, wird zuerst ein Medium zum Volk der Elfen entsandt, um festzustellen, wo diese Straßen verlaufen können, ohne ein Elfenheim zu zerstören. Als Dank für diese wundervolle Wertschätzung bleiben die Elfen gern auf dieser beinahe magischen Insel und sind den Menschen wohlgesonnen.

Wenn du dich mit dem Elfenvolk verbinden möchtest, kannst du ihnen ein kleines Fleckchen deines Gartens zur Verfügung stellen, wo sie sich ansiedeln und an deiner Seite leben können. Du kannst sie in der kalten Jahreszeit auch gern in dein Haus einladen, damit sie im Warmen überwintern können. Sie werden dir dankbar sein und dich ihre Anwesenheit noch tiefer spüren lassen.

In anderen Dimensionen findest du auch Meerjungfrauen, Drachen oder Einhörner. Sie alle stehen dir mit Sanftmut, Weisheit oder auch immenser Stärke zur Seite, wenn du sie dazu einlädst. Dies mag für dich vielleicht wieder nach einem Märchen klingen, doch sei dir gewiss, dass die vielen Fabelwesen aus uralten Büchern nicht einfach nur der Laune und Fantasie verschiedenster Schriftsteller entstammen. Diese Wesen existieren tatsächlich, und einigen Seelen ist es erlaubt, die Geschichten von einer Dimension in eine andere zu tragen. Geschichtenerzähler sind jene Seelen, die den Schleier des Vergessens bereits ein ganzes Stück weit heben konnten. Und sie möchten dich an all dem Wundersamen teilhaben lassen, was sie bereits wiederentdeckt haben und du vielleicht noch nicht.

Wenn du nun einmal mehr diesen kleinen Vertrauensvorschuss gewähren kannst, rufe mit einem liebevollen Gefühl in deinem Herzen jedes dieser Wesen herbei, und lasse dir durch ihre Kraft und Weisheit in deinem Leben weiterhelfen. Lasse dich begleiten, schätze ihre Anwesenheit, und bedanke dich für ihre Unterstützung. Binde sie in deinen Weg ein. Du wirst schon bald erkennen, welche Magie sie in dein Leben bringen.

Elfen, Drachen, Meerjungfrauen und Einhörner existieren tatsächlich.

39

KARTENDECKS

Da du nun um die Existenz vieler anderer mystischer Völker weißt und diese vielleicht gezielt an deine Seite rufen möchtest, stelle ich dir hier eine besonders schöne Möglichkeit vor, die dir gefallen könnte.

Über die Jahre haben kraftvolle, erweiterte Gemüter die Botschaften und weisen Ratschläge der Engel, Elfen, Feen, Elben, Krafttiere und allerlei anderer lichtvoller Gestalten aufgefangen und nicht nur in Büchern niedergeschrieben, sondern auch in wunderschönen Kartendecks festgehalten. Du kannst diese Orakelkarten jeden Tag und in jeder Situation zurate ziehen. Vertraue darauf, dass deine Intuition durch die Lichtwesen inspiriert wird, du genau die richtige Karte greifst und sie dir somit genau die richtigen Worte bringt.

Ob du damit arbeiten möchtest, liegt allein bei dir. Solltest du dir einige Kartendecks zulegen, wertschätze die Schwingung, die sie in deinem Namen annehmen. Deine Kartendecks solltest du nach der ersten Weihung für dich selbst, die in jeder Anleitung beschrieben wird und ganz einfach mit einem liebevollen Gedanken passiert, nicht mehr von anderen Menschen berühren lassen, damit sie stets in deiner höchsten und persönlichen Schwingung bleiben. Solltest du sie dennoch einmal jemandem leihen, segne und reinige sie anschließend, indem du sie mit etwas Abstand über eine Kerzenflamme hältst und einen persönlichen Segen in sie sprichst, ehe du sie das nächste Mal benutzt.

Orakel sind magisch und enthalten Botschaften der Lichtwelt.

40

KRISEN und ihre *Bedeutung*

Wie geht es dir im Moment? Fühlst du dich zentriert? Kommst du auf deinem Lebensweg gut voran? Ich wünsche dir, dass du immer gefestigt im Leben stehst, die Beine sicher auf der Erde und verwurzelt und den Geist in höhere Gefilde erhoben. Mit dem Ziel vor Augen und mit tapferem Herzen auf dem Weg.

Aber selbst wenn du vielleicht gerade in einer wackeligen Phase deines Lebens steckst, wenn alles drunter und drüber zu gehen scheint oder du dich gar in einer ausgewachsenen Krise befindest, verzweifle nicht. Denn Krisen sind für unsere Entwicklung unerlässlich. Jene, die nur in deinem Leben auftreten, ebenso wie jene, die die ganze Welt betreffen.

Niemand möchte sich gern mit Problemen herumschlagen, die unlösbar scheinen und uns nahezu daran zerbrechen lassen. Doch wenn du nun zurückblickst auf dein bisheriges Leben und das, was du bereits alles hinter dir hast, wirst du erkennen, wie viele Krisen du tatsächlich schon durchlebt und überlebt hast. Und jede einzelne von ihnen hat dazu beigetragen, dass du zu dem Menschen werden konntest, der du heute bist. Wenn du nun einen Moment in dich hineinhören und für dich selbst beschließen kannst, dass du ein guter Mensch und mit dir selbst eigentlich ganz zufrieden bist, dann war doch jede dieser Krisen für etwas gut, meinst du nicht?

Das Problem mit Krisen ist, dass wir Menschen nun einmal am liebsten den leichtesten Weg gehen. Sobald eine Situation schwierig wird, ziehen wir gern den Kopf ein. Wir fühlen uns schnell überfordert oder vom Leben ausgebootet. Der Weg ist schwer, und wir fühlen uns als Opfer.

Oder?

Wenn ich dir an dieser Stelle einen Rat geben darf, dann betrachte eine Krise doch einmal nicht als etwas Negatives. Wenn du vom Leben herausgefordert wirst, etwas an dir zu verändern, dann ist das nichts weiter als eine Hilfestellung zu deinem Wachstumsprozess. Natürlich kann es schon einmal etwas scheuern, wenn du durch eine schwierige Zeit gehst, doch bedenke immer: Der Himmel mutet dir niemals mehr zu, als du bewältigen kannst. Er kennt dich. Er kennt dein Potenzial und deinen Lebensplan. Einzig den Willen dazu, endlich voranzuschreiten, musst du selbst in dir finden.

Krisen treten immer dann in unserem Leben auf, wenn wir zu lange auf der Stelle treten und unserem Lebensplan nicht folgen. Manchmal bekommen wir kleine Warnsignale, neben vielen Gelegenheiten, um zu wachsen und unsere Denkweise zu verändern. Aus Bequemlichkeit ignorieren wir sie jedoch viel zu oft. In diesem Fall wird das Leben dir nach einiger Zeit eine weitere Lektion schicken, die du nun endlich annehmen kannst oder die du erneut ignorierst. Sei dir aber bei jedem Ausweichen bewusst, dass die Lektionen stetig härter werden, so lange, bis du nicht mehr ausweichen kannst und dich dem Thema stellen musst. Doch zu diesem Zeitpunkt ist die Situation dann mitunter schon sehr schwierig.

Je länger du wartest, desto unangenehmer wird es. Selbst wenn wir uns bereits in der gefühlten Hölle befinden, wollen wir oft nichts an uns und unserer Situation ändern, weil es bedeuten würde, wir müssten a) einen immensen Energieaufwand betreiben und b) uns in ein uns unbekanntes Feld vorwagen. Für viele von uns ist dies der schwerste Schritt überhaupt, für uns ist die vertraute Hölle dem Unbekannten dann unbedingt vorzuziehen. Zumindest denken wir das so lange, bis wir keine andere Wahl mehr haben und doch einen Fuß vor den anderen setzen müssen, um nicht unterzugehen. Und einige Monate später, wenn wir zurückblicken, erkennen wir, wie sehr wir an dieser Krise doch tatsächlich wieder gewachsen sind. Wie viel besser das Leben heute ist.

Sobald du dich am Beginn einer Krise befindest, denke an die Zeit hinterher und wie zufrieden du dann mit dir sein wirst. Und bedenke: Niemand sagt, dass du durch all diese schwierigen Situationen ganz allein hindurch musst. Rufe deine Engel herbei, bitte die Elben und Feen um ihre Weisheit und Unterstützung. Lasse dich von ihnen begleiten und vielleicht sogar von deinem Krafttier ein Stück des Weges tragen. Auf deinen Ruf warten sie alle, denn dafür sind sie hier.

Und wenn du jetzt noch einen Moment Zeit hast, dann betrachte diese schwierigen Prozesse und Krisen doch einmal durch die Augen einer Schlange, die sich in regelmäßigen Zyklen aus ihrer alten Haut herauswinden muss, um wieder voller Glanz durch den Dschungel weiterzustreifen. Sie wartet damit nicht bis morgen, sondern geht den Prozess sofort an, wenn er sich ankündigt. Und sie würde nicht sagen: Heiliger Strohsack, was für eine schwere Krise! Sie würde es wohl eher so ausdrücken: Mannomann, was für eine tolle Häutung!

Der Himmel
mutet dir niemals mehr zu,
als du
bewältigen
kannst.

41

Rollenspiele

Du kannst dich allein durch Krisen bewegen, du kannst deine Engel und Seelenbegleiter herbeirufen und um Hilfe bitten, und du kannst noch etwas anderes, immens Wirkungsvolles tun: Du kannst die ganz besondere Kraft eines bestimmten Wesens tief in der Seele annehmen, indem du seine Rolle übernimmst. Tatsächlich ist diese kraftvolle Methode nicht nur bei der Krisenbewältigung nützlich, sondern auch bei jedem anderen Vorhaben, das du in deinem Leben angehen willst. Aber lasse uns ganz am Anfang beginnen.

Rollenspiele haben in der heutigen Zeit einen negativen Ruf, weil wir uns darunter meist eine Gruppe introvertierter Kids vorstellen, die zu Hause »Dungeons & Dragons« spielen und immer seltener an der realen Welt teilhaben. Das ist nicht ganz die Art von Rollenspiel, die ich hier meine, und doch fällt sie in gewisser Weise auch darunter.

Wenn wir in die Rolle eines anderen schlüpfen, dann geschieht das meist, weil wir das Potenzial dieses Charakters erkennen und uns seine Kraft für uns selbst wünschen. Wir haben unseren eigenen Mangel erkannt und korrigieren ihn sozusagen mit der Persönlichkeit eines anderen.

Rein psychologisch betrachtet steckt hier nicht viel dahinter. Lasse mich dich nun aber auf eine spirituelle Reise mitnehmen, die du nie wieder vergessen wirst.

Anstatt dir anhand einer komplizierten Theorie zu erklären, was in der Geistigen Welt wirklich vor sich geht, wenn du einen Charakter zu dir einlädst, möchte ich dich lieber gleich durch eine praktische Anwendung in die mystische Welt führen. Solltest du dazu noch nicht bereit sein, lies einfach weiter, ohne die Handlungen auszuführen. Du wirst das Prinzip am Ende so oder so verstehen und kannst es auch zu jedem späteren Zeitpunkt anwenden, wenn du denkst, es könnte dir guttun.

Nimm dir nun bitte ein paar Minuten Zeit, betrachte dein Leben, wie es im Moment ist, und filtere heraus, an welcher Charakterstärke es dir gerade mangelt. Ist es Selbstbewusstsein? Innere Ruhe? Ein tiefer Wunsch, die Welt wieder mit Kinderaugen zu sehen? Du hast die freie Wahl. Selbst, wenn du nichts Spezifisches findest und einfach eine Figur wählst, die du immer schon einmal sein wolltest, kannst du damit nichts falsch machen.

Wenn du so weit bist, schütze dich. Und diesmal sende für deinen Schutzzauber bitte folgende oder ähnliche Gedanken an deine schützenden Begleiter: »Ich bin im Begriff, mich mit einem Wesen zu verbinden, das mich auf besondere Weise unterstützen und stärken soll. Lasst in dieser Verbindung bitte nur jene positiven Kräfte zwischen uns hin- und herfließen, die mir und dem Wesen nützlich sind und guttun. Alles andere soll bei uns bleiben.«

An wen genau du diese Worte richtest, entscheidest du. Ob an deinen Schutzengel, deine lichtvollen Begleiter oder an das Universum selbst, spielt dabei keine Rolle. Sobald du den Gedanken aussendest, wird er von der richtigen Quelle aufgefangen und umgesetzt.

Wenn du nun deine Schwäche gefunden hast, stelle dir vor, mit welcher Stärke du sie überschreiben müsstest, um mehr in deine Mitte zu finden. Und wenn du diese Kraft kennst, denke als Nächstes an eine Figur, die genau diese Stärke besitzt. Bei mangelndem Selbstvertrauen würde dir beispielsweise ein edler und stolzer König helfen. Oder eine Prinzessin. Stelle dir diese Person so klar und deutlich wie möglich vor. Was sie anhat, wie sie sich bewegt. Wie sie mit ihrem Umfeld spricht und was sie den ganzen Tag macht. Falls du zum Beispiel gerade Rechtswissenschaften studierst und dir nicht zutraust, selbst bald einmal voller Zuversicht vor den Richter zu treten, stelle dir einen Staranwalt vor, der noch nie einen Fall verloren hat. Und wenn du merkst, dass du selbst im Leben zu hart mit deinen Mitmenschen umgehst und dies gern ändern möchtest, ziehe den Charakter eines überaus sanften Wesens, wie zum Beispiel einer Fee oder tatsächlich eines Engels, heran.

Mache dir als Nächstes bewusst, dass dies nicht nur Bilder sind, sondern reale Wesen aus anderen Dimensionen, die sich in diesem Moment bereit erklären, sich mit dir zu verbinden, um dir in deinem Erdenleben weiterzuhelfen. Respektiere sie. Begrüße sie. Lasse sie voller Dankbarkeit an dich andocken und den Kanal nutzen, den du vorhin mit deiner Bitte um Schutz erzeugt hast.

Du kannst in der Auswahl des richtigen Charakters unendlich kreativ sein. Was immer dir in den Sinn kommt, ist auch möglich. Ob Fabelwesen, reale Figuren aus dem irdischen Leben, Buchcharaktere oder sogar Tiere. Vielleicht musst du auch gar nicht lange überlegen, weil das Universum und dein Höheres Selbst bereits wissen, was du brauchst, und das Wesen schon auf den Weg zu dir geschickt haben. Dann wirst du sofort einen Impuls empfangen, und bei näherem Hinsehen wird sich das Bild immer deutlicher formen.

Heiße dieses Wesen für die nächste Zeit in deiner Aura willkommen, und schenke ihm deine Aufmerksamkeit. Du kannst dich mit ihm unterhalten, wenn du das möchtest, oder du kannst einfach nur spüren, wie die Kraft und Stärke, die Ruhe und Gelassenheit, die Weisheit und spirituelle Weitsicht in deine Seele einfließen. Dieses Wesen wird dich von nun an begleiten, dich in Liebe umarmen und dir alles Gute, das es in sich trägt, zuteilwerden lassen.

Stelle dir vor, du bist dieses Wesen. Gib dir selbst in dieser symbiotischen Verbindung einen Namen, wenn du das möchtest. Kleide dich wie die Person, zu der du werden willst. Schreite wie ein König, arbeite mit den Elementen wie eine Fee Avalons, streife behände wie Robin Hood durch den Wald, oder spüre den Atem eines mächtigen Drachen in deinem Nacken.

Du hast ein Spektrum vor dir, das keine Grenzen kennt, in keiner Dimension, auf keiner Ebene. Dieses wunderbare Wesen, das auf deinen Ruf hin zu dir gekommen ist und sich mit dir verbunden hat, erlaubt dir, die Frequenz deiner Schwingung so zu verändern, dass du ganz mühelos – und anfangs vielleicht sogar ohne es zu merken – eine völlig neue Realität für dich erschaffst. Ihre Stärke füllt die durch Schwächen entstandenen Lücken in deiner Persönlichkeit – und das auf die schönste Weise.

Du kannst alles sein.
Das Universum ist dein Spielfeld.

Wenn du merkst, dass du die Kraft so sehr verinnerlicht hast, dass du dieses Wesen nicht länger brauchst, dann lasse es in Liebe wieder zurück nach Hause gehen. Verabschiede dich von ihm, führe vielleicht auch für euch beide ein kleines Ritual nach deinen Wünschen durch, bedanke dich, und gib es wieder frei. Es wird dir trotzdem auf ewig ein liebevoller Freund und Begleiter bleiben.

Diese Art von spiritueller Verbindung kannst du in deinem Leben so oft eingehen, wie du möchtest, und auch mit so vielen Wesen, wie es dir beliebt. Bleibe nur immer respektvoll, und betrachte sie als Geschenk, das du auskosten darfst. Dann steht deinem Wachstum nichts mehr im Wege.

An dieser Stelle möchte ich noch eine sehr wichtige Warnung für einen anderen, sehr kraftvollen Bereich, den du vielleicht kennst, aussprechen: die Systemische Familienaufstellung. Wenn du jemals an einer solchen teilnehmen solltest, sei dir darüber im Klaren, wie machtvoll dieses Instrument ist. Du lässt hier die schwere, oft sehr negativ belastete Energie verstorbener Ahnen anderer Menschen in dich eindringen. Gehe nicht leichtfertig damit um, und überlege dir in jedem Fall gut, ob und welche Energie du tatsächlich an dich he ranlassen möchtest.

Solltest du dich dazu entschließen, eine Aufstellung mitzumachen, bereite dich gut darauf vor, und nimm nur vorübergehend die gute Energie an. Schütze deinen Kanal selbst und mithilfe deines Engels, und schicke die fremde Ahnenenergie am Ende der Aufstellung wieder nach Hause. Löse dich komplett von der Energie, und reinige dich danach geistig und physisch. Undenkbar, was passieren würde, wenn eine Person diese Energie über die Aufstellung hinaus in sich weitertrage.

42

Immer, wenn TRÄNEN fließen

Wie bereits erwähnt, dienen schwere Herausforderungen im Leben dazu, dass du dich veränderst. Nur so kannst du geistig über dich hinauswachsen. Selbstverständlich geht keine Reiberei zwischen unserer Seele und dem Leben ohne kleinere Schürfwunden vorüber. Und wenn uns etwas schmerzt, dann fließen schon einmal Tränen. Weinen hat allerdings eine sehr viel tiefere Kraft und Bedeutung, als dir im ersten Moment vielleicht bewusst ist.

Wenn du recht lange auf der Stelle trittst und dich der Veränderung verweigerst, kann das zu Blockaden in deinem Geist und sogar in deinem Körper führen. Von Blockaden sprechen wir immer dann, wenn die Energie nicht mehr rund und in all ihrer Kraft durch deinen Körper fließt. Es kommt an bestimmten Stellen zu einem Stau, zum Beispiel in den Chakras, der dich dann zu einem Verhalten drängt, das dir nicht mehr dienlich ist. Oft sind es auch Gedankenmuster, mit denen du dich selbst blockierst. Du engst und schränkst dein Denken und dein Handeln ein. Es fällt dir plötzlich schwer, Dinge aus einer anderen Perspektive und mit etwas Abstand zu betrachten, und ein Weiterkommen mag dann schier unmöglich erscheinen. Manchmal helfen uns heilende Gespräche, um diese Blockaden zu lösen. Manchmal auch eine gründliche Selbstreflexion und eine willensstarke Entscheidung, die Dinge völlig neu anzupacken.

Wenn sich eine so tief sitzende Blockade in dir auflöst, kann es sein, dass sie wie ein brechender Damm mit einigem Wasser aus deinem Körper geschwemmt wird. Tränen sind dabei die einfachste Form. Es kann sein, dass dich jemand mit seinen Worten oder auch mit seinen Händen so derart tief berührt, dass du von jetzt auf gleich in einen Tränenschwall ausbrichst, der dich völlig überrumpelt. Wann immer das passiert, sei dankbar, denn die Engel erlauben dir, die schlechte Energie einfach »hinauszuweinen«. Verkrampfe dich nicht. Versuche nicht, deine Tränen zu unterdrücken, denn das allein erzeugt bereits eine neue Blockade.

Menschen, die sich selbst nicht erlauben, Emotionen welcher Art auch immer an die Oberfläche zu transportieren, verknoten ihre Seele über die Jahre zu einem sehr festen Knäuel, das am Ende immer schwieriger zu entwirren wird. Hier braucht es dann viel Geduld, viel Liebe und meist auch viele, viele Tränen.

Wenn auch du zu den Menschen gehörst, die sich Emotionen, besonders in Gegenwart von anderen, nur schwer zugestehen können, dann nutze die Zeit, in der du allein bist, und umgib dich mit Dingen, die dich berühren. Tatsächlich kann es auch schon wunderbar befreiend sein, einen rührseligen Film zu sehen oder ein emotionales Buch zu lesen, während du unbekümmert deinen Tränen freien Lauf lässt. Und selbst, wenn dir in diesem Moment nicht klar ist, welche kleine oder größere Blockade du damit wegschwemmst, sei dankbar für die Kräfte des Himmels, die dir diesen Augenblick schenken. Denn sie wissen, was in dir arbeitet und was dich bewegt.

Eine andere, sehr machtvolle Art, Blockaden zu lösen, ist tatsächlich das Lachen. Es ist eine so herzliche, spontane Reaktion, dass man sie kaum unterdrücken kann, und mit dem starken Atem, den wir dabei ausstoßen, transportieren wir vieles ab, was in unserem Körper und in unserer Seele lagert.

Lachen befreit. Und wenn du sogar Tränen lachen kannst, hast du das höchste Level der *Wirkung* erreicht.

43

DELFINE sind die Engel der Meere

Ich werde niemals den Tag vergessen, an dem ich zum ersten Mal in die Nähe eines Delfins kam. Ich habe Rotz und Wasser geheult wie noch nie zuvor in meinem Leben. Mein ganzes Sein wollte in diesem Moment nur noch zu diesen Tieren hin. Ich wollte so, wie ich war, zu ihnen ins Wasser hüpfen und für den Rest meines Lebens mit ihnen schwimmen, springen und einfach ein Teil ihrer Gemeinschaft sein.

Bist du schon jemals mit einem Delfin geschwommen? Oder warst auch nur in seiner Nähe? Und wenn nicht, hast du vielleicht dennoch schon einmal den unerklärlichen Drang verspürt, einem dieser unglaublich anziehenden Wesen zu begegnen? Sie zu berühren? Mit ihnen zu schwimmen?

Auf sehr viele Menschen üben diese Tiere eine unbeschreibliche Magie aus, die sie tief in ihren Herzen berührt. Delfine sind die Engel der Meere. Sie sind eine der letzten Gattungen an hochspirituellen Wesen, die in einem Körper hier auf der Erde inkarnieren. Sie kommunizieren über gesangartige Klänge miteinander, deren Schwingung eine glückselige Harmonie in uns erzeugt. Die Aura, die sie umgibt, bringt den Menschen Heilung auf der tiefsten Herz- und Seelenebene. Delfine begreifen Krankheit, Kummer und Leid. Vor allem zu Kindern und Menschen, die in ihrem Denken dem kindlichen Verstand, der kindlichen Unbekümmertheit, sehr ähnlich sind, haben sie einen mystischen Zugang wie kein anderes Lebewesen auf dieser Welt. Das liegt daran, dass Kinderaugen noch ungetrübt sehen und ihr Charakter noch nicht durch Lüge oder Habgier beeinträchtigt ist. Es ist die tiefe Aufrichtigkeit, die sie verbindet.

Unser Planet ist zu zwei Dritteln von Wasser bedeckt. Obwohl wir Menschen gegenüber Delfinen deutlich in der Überzahl sind, ist unsere Welt doch ein blauer Planet, und die Delfine und auch Wale wurden als seine Hüter bestimmt. Es ist unsere heilige Pflicht, diese Tiere zu schützen, damit sie für uns und unseren Planeten ihre eigene heilige Arbeit tun können. Wenn du möchtest, kannst du dich über einen liebevollen Gedanken mit diesen magischen Hütern der Meere und unserer Welt verbinden und ihnen somit deine Kraft und deine Loyalität schenken. Wie weit du dabei vom Wasser entfernt bist, spielt keine Rolle. Alle Engel der Meere werden deinen Gedankenimpuls wahrnehmen und dich liebevoll in die Kraftquelle der Hüterschaft aufnehmen. Sei ein Teil davon. Fühle dich gebraucht.

44

KARMA und die Qualität von Zeit

Vielleicht ist dir Karma bereits ein Begriff. Falls du hingegen noch nicht oder nur hin und wieder in Unterhaltungen davon gehört hast, lasse mich dir kurz von seiner Bedeutung und Wirkung berichten.

Oft wird Karma fälschlicherweise als Gottes Strafe an die Menschheit bezeichnet, doch in Wahrheit ist sie jene ausgleichende Kraft im Universum, die alles im Gleichgewicht hält. Es ist eine Energie, die nicht urteilt, sondern nur wirkt, im lichten wie auch im dunklen Sein. Karma ist wie das Feld, das dir die Früchte einbringt, deren Samen du selbst aussäst. Gibst du Gutes, wird dir auch Gutes widerfahren. Tust du Übles, trifft es dich im Kreis derselben Energie, und du wirst sie am eigenen Leib spüren.

Karma trifft uns nicht immer sofort. Dies ist mitunter der Grund, warum wir überhaupt in der Lage sind, Schlechtes zu tun – weil wir kaum jemanden oder etwas, ob Mensch, Tier oder Pflanze, verletzen würden, wenn wir den Widerhall im selben Moment mit gleicher

Energie erfahren würden. Ein Vorteil, den dieser Umstand jedoch mit sich bringt, ist, dass wir immer noch nach freiem Willen entscheiden, wie wir handeln. Diese Zeit neigt sich jedoch schon in naher Zukunft ihrem Ende. Instant-Karma, also ein 1:1-Ausgleich, ist immer mehr Teil unserer heutigen, schnelllebigen Zeitqualität. Alles bewegt sich schneller. Schwingt schneller und höher. So auch die ausgleichende Kraft des Universums.

Zeit, so, wie wir sie hier auf der Erde kennen und erleben, unterliegt wie alles andere auch einem steten Wandel. Ihre Qualität verändert sich. Vor Milliarden und Abermilliarden Jahren, als es noch kein bewusstes Leben auf der Erde gab, war ein Tag auf unserem Planeten schier endlos, gefolgt von einer endlosen Nacht. Alles unterlag einer sehr niedrigen Schwingung und bewegte sich mit einer ungeahnten Langsamkeit.

Stelle dir die Entwicklung der Zeit auf der Erde wie eine Spirale vor, die in einem Kegel immer kleinere Bahnen und Kreise zieht. Jeder dieser einzelnen Kreise stellt einen Tag zu einer bestimmten Epoche der Erdgeschichte dar. Der unterste, erste Kreis ist riesig. Entsprechend lang dauerte damals gefühlt ein einziger Tag. Nun stelle dir vor, was man alles an so einem Tag ausrichten konnte, der schier endlos erschien. Wie ein Organismus, der sich weiterentwickelt, hob sich aber auch die Schwingungsfrequenz der Erde stetig an. Bis zum heutigen Tag und darüber hinaus. Die Zeitkreise eines einzelnen Tages wurden enger und somit kürzer, auch wenn die Veränderung in einem einzelnen Menschenleben kaum zu erspüren war, weil die Kreise und Dimensionen insgesamt so groß sind.

Stelle dir nur einmal vor, wie lang eine Schiffsreise von einem Kontinent zum anderen früher dauerte. Das waren Monate. Zeit, die den Menschen, deren Lebenserwartung damals noch viel niedriger war als heute, eigentlich irgendwann gefehlt haben sollte. Und dennoch erreichten sie Unglaubliches. Denn: Sie hatten vielleicht weniger Tage, jedoch waren diese mit Blick auf die Zeitqualität länger als heute. Allmählich werden die Bahnen der Zeitkreisspirale so klein, dass wir inzwischen tatsächlich einen Unterschied der Tageslänge von heute zu unserer eigenen Kindheit wahrnehmen können. Das kommt daher, weil wir bereits in einem sehr hohen Bereich dieses Kegels geboren wurden und die Spirale sich dementsprechend immer schneller dreht.

Kommt es dir nicht auch manchmal so vor, als wäre in Kindertagen ein Jahr schier unendlich lang gewesen, und heute rinnen uns die Monate wie Sand durch die Finger? Heute kommt es uns vor, als würde die Qualität eines ganzen Tages nur noch etwa sechzehn Stunden eines damaligen Tages entsprechen. Obwohl beide Tage immer noch genau vierundzwanzig Stunden lang sind, fühlt es sich für uns so an, als hätten wir pro Tag etwa acht Stunden weniger Zeit als früher. Die Erde schwingt schneller und hochfrequenter, ebenso wie wir Menschen.

Betrachten wir einmal die menschliche Evolution: Wie lange sind wir als Primaten auf dem Planeten gewandelt und haben uns kaum weiterentwickelt? Wie langsam bewegte sich der Fortschritt um Christi Geburt? Fünfhundert Jahre nach seiner Geburt. Eintausend Jahre danach. Und wie schnell bewegt sich alles seit zweihundert Jahren? Wir haben den Sprung von der Fortbewegung in einfachen Pferdekutschen bis zum Flug zu anderen Planeten geschafft.

Der Fortschritt verlief exponentiell, genau wie die Erhöhung der Schwingung in unserer Welt.

An dieser Stelle lasse uns noch einmal auf das Karma zurückkommen. Während diese gewaltige Kraft vor Millionen von Jahren selbst noch langsam schwang und arbeitete, geschah der Ausgleich erst eine lange, lange Zeit nach dem eigentlichen Ereignis. Manchmal sogar nicht einmal im nächsten Leben, das wir antraten, sondern tatsächlich erst im übernächsten oder noch später. Dass uns das Karma aber in seinem eigenen Zeitkreis irgendwann einholen würde, daran gab es nie einen Zweifel.

Das Wunderschöne an dieser mittlerweile rasanten Entwicklung ist nun, dass auch Karma immer schneller einen Ausgleich schafft. Meist noch im selben Leben und häufig schon in sehr kurzen Abständen, sodass wir tatsächlich erahnen können, welche unserer Taten Ursache für einen bestimmten karmischen Ausgleich sind. Und je schneller Karma arbeitet, desto mehr werden wir für die Folgen unseres Handelns sensibilisiert und dahin gehend wachgerüttelt, unsere guten Taten überwiegen zu lassen.

Ein Kind, dem sofort auf die Finger geklopft wird, wenn es ein Bonbon stibitzt, wird dies sehr viel wahrscheinlicher nicht mehr tun als ein Kind, dem erst nach fünfzehn Jahren dafür auf die Finger geklopft wird.

Karma hilft uns allen dabei,
eine bessere Gesellschaft zu werden.

45

Segen und segnen

Ich möchte dir in diesem Kapitel einen ganz besonders wertvollen Rat mit auf den Weg geben: Wann immer in einer Sache, einem Gegenstand oder einer Situation schlechte Energie steckt, kannst du diese durch den Segen der Lichtquelle – manche nennen sie auch den lieben Gott und die Engel – in etwas sehr Positives und Harmonisches umwandeln.

Die Engel und die lichte Welt wissen es zu schätzen, wenn du sie in dein Leben einbindest, und machen dir das Geschenk der Energieumwandlung, um dich bestmöglich zu unterstützen. Sie belohnen deinen Vertrauensvorschuss.

Bestimmt hast du schon sehr oft mit angesehen, wie Menschen sich vor dem Essen gegenseitig die Hände reichen und einen ganz einfachen Satz sprechen: »Bitte, lieber Gott, segne unser Essen. Danke schön.« In diesem Ritual liegt viel mehr Kraft, als du vielleicht denkst. Es ist nicht einfach nur ein leicht dahingesagter Satz vor der Mahlzeit. Jede Sache, die auf dieser Welt existiert, kam über die Zeit mit unzähligen Menschenhänden und Betriebsprozessen in Berührung. Ich habe dir ja schon erklärt, wie jeder von uns seinen persönlichen Fingerabdruck, seinen Energiestempel, auf diesen Dingen hinterlässt.

Nun stelle dir vor, du isst eine Banane, die in Spanien auf einer Plantage von einem Arbeiter geerntet wurde, der vielleicht in sehr armen Verhältnissen lebt, viel Leid ertragen hat und diese schwere Energie mit der ersten Berührung auf die Frucht übertrug. Als Nächstes wurde die Banane in ein Lager transportiert, in dem eine ähnlich niedrige Schwingung herrschte, die sich während der Lagerung auf die Früchte dort übertrug. Auf dem Weg in unsere heimischen Supermärkte wurde diese Frucht noch unzählige Male von verschiedensten Menschen wie Transportarbeitern, Supermarktmitarbeitern usw. angefasst, ein- und ausgepackt, herumgetragen und richtig platziert. Kannst du dir vorstellen, wie viel Energie die Banane, seitdem sie gepflückt wurde, aufgenommen hat? Es muss nicht immer negative Energie sein, doch trotzdem ist es die Energie anderer Menschen, die du nicht in dich aufnehmen solltest. Mit einer einfachen Segnung bringst du diese Banane vor deinem ersten Bissen in ihren Ausgangszustand zurück und kannst sie mithilfe der heiligen Engel von allen belastenden Einflüssen reinigen. Sie wird in eine positive Schwingung gebracht, die deinem Körper gut verträglich und deinem Geist förderlich ist.

Derselbe Prozess findet übrigens auch statt, wenn du das Essen zu Hause zubereitest. In welcher Stimmung du auch gerade sein magst, du wirst sie in die Mahlzeit hineingeben. Darum bereite jede Speise für dich, deine Familie und Freunde mit Liebe zu. Und segne sie für alle vor dem Verzehr.

Mit Menschen und Situationen kann man übrigens sehr ähnlich verfahren, wenn man die Energie eines Moments verändern möchte. Als Beispiel möchte ich einen Konflikt zwischen dir und einem möglichen penetranten Abteilungsleiter wählen. Nehmen wir an, du liebst zwar deinen Beruf, doch dein Vorgesetzter macht dir das Leben im Betrieb oft sehr schwer. Er erwartet Unmögliches von dir, explodiert leicht und sorgt schon seit Langem für eine sehr beklemmende Stimmung im Büro. Du leidest so sehr darunter, dass es dir inzwischen jeden Morgen wieder ein Gräuel ist, in die Firma zu gehen. Aber was kannst du dagegen unternehmen?

Nun, du könntest entweder kündigen und dir einen neuen Job suchen, indem du möglicherweise mehr Respekt von deinem Vorgesetzten erfährst, oder du könntest versuchen, eine Entspannung mithilfe des Segens der Engel herbeizuführen. Es ist gar nicht so schwer und in jedem Fall einen Versuch wert, denn was hast du schon zu verlieren?

Bevor dieses kleine Ritual der Lichtheilung stattfinden kann, setze dich jedoch einmal für ein paar Minuten hin, und versuche, dich in die Lage deines Vorgesetzten hineinzufühlen. Was könnte der Grund für sein unangenehmes Verhalten sein? Ihm wegen seiner Taten nur mit Hass zu begegnen, bringt euch beide nicht weiter. Druck erzeugt Gegendruck, weißt du noch? Wenn du aber verstehst, dass niemand aus seiner eigenen Haut herauskann und jeder mit dem Päckchen, das er vom Leben aufgeladen bekommen hat, zu kämpfen hat, kannst du sein Verhalten vielleicht in einem etwas anderen Licht sehen. Entschuldbar ist schlechtes Verhalten anderen Menschen gegenüber nicht. Doch die Hintergründe zu verstehen, hilft uns, mit solchen Menschen besser umgehen zu können.

Wenn du nun ein gutes Gespür für diese Person hast, begib dich gedanklich mit ihr an einen heiligen Ort. Dies kann eine Wiese im Sonnenschein sein, eine heilige Quelle im Wald, ein Berggipfel, eine kleine Kapelle oder auch dein Wohnzimmer. Was auch immer sich für dich gut anfühlt, ist der richtige Ort, und du hast die freie Wahl. Stelle dir vor, wie du dich mit der Person, die dir immer wieder ein schlechtes Gefühl gibt, entspannt auf den Boden setzt. Seht euch in deinen Gedanken voller Freundlichkeit und Verständnis an. Spüre das sanfte Gefühl, das sich dadurch wie eine gläserne Kuppel um euch herum legt. Und nun rufe Erzengel Michael herbei. Stelle ihn dir als lichtvollen Krieger vor oder wie auch immer du ihn wahrnehmen magst. Bitte ihn, seinen Segen und den Segen der lichten Quelle, oder auch des lieben Gottes, auf dich, auf diese Person und auf die ganze Situation zwischen euch zu legen. Nimm die Bilder in deinem Kopf so an, wie sie kommen, und fühle einfach mit deinem Herzen hinein. Sei dir gewiss, dass diese Bitte um Segnung augenblicklich erhört wird und du die Auswirkungen bereits bei eurer nächsten Begegnung deutlich wahrnehmen wirst. Bedanke dich am Ende dieser kleinen Zeremonie, die nicht länger als eine Minute dauern muss, bei Erzengel Michael und allen anderen Lichtwesen, die du vielleicht dafür herbeigerufen hast.

Du kannst dieses einfache, aber sehr kraftvolle Ritual auf jede Situation und jede Person anwenden, die dir Schwierigkeiten bereitet. Du kannst es auch über einen längeren Zeitraum wiederholen, wenn es dir guttut. Mache es besonders dann, wenn du dich auf eine Begegnung mit jemandem vorbereitest, die in dir bereits im Vorfeld ein mulmiges Gefühl hervorruft. Beispielsweise ein Vorstellungsgespräch, eine Gehaltsverhandlung oder ein wichtiges Klärungsgespräch innerhalb der Familie. Schicke auch hier wieder deine Vorreiter los, damit sie das Feld für dich ebnen.

Dir stehen viele kraftvolle Mittel zur Verfügung. Schöpfe sie aus!

46

MEDITATION oder *Tagtraum?*

Lasse uns einmal über ein Thema sprechen, das in unserer Zeit im Zusammenhang mit Spiritualität wohl am häufigsten genannt wird: Meditation.

Allein das Wort »Meditation« ist sehr gewichtig, für manche sogar leicht negativ besetzt und löst in einigen von uns direkt eine kleine Panik aus, weil ein hoher Erwartungsdruck damit einhergeht. Aber was genau ist Meditieren denn überhaupt?

Grundsätzlich bezeichnet man damit einen tiefen Ruhezustand deines Geistes, der dir erlaubt, dich für einen Moment von allem Irdischen zu lösen und die Botschaften deiner Seele oder anderer Dimensionen zu empfangen. Man könnte fast schon sagen, es handle sich um eine Art Trance, in die du dich selbst bringst, durch bewusstes Atmen, Herunterfahren deiner Gedanken, harmonische Musik oder auch eine Anleitung von außen. Eine Meditation kann wenige Minuten bis mehrere Stunden dauern, je nach Bedarf.

Wer mit der soeben beschriebenen Art von Meditation gut arbeiten kann, sollte dies unbedingt tun. Doch in Wahrheit ist sie nicht für jeden Menschen geeignet. Manchmal ist es nur eine Frage des Übens, bis es besser klappt und du in diesen meditativen Zustand kommst, in dem die Bilder plötzlich ganz von allein erscheinen. In anderen Fällen ist es auch einfach die falsche Form, um sich mit den Lichtwesen und der mystischen Welt zu verbinden. Tatsächlich gilt dies auch für mich. Zum einen benötige ich unendlich viel Zeit, um mich wirklich fallen lassen zu können - Gruppenmeditationen sind dann meist schon lange wieder zu Ende. Und zum anderen schlafe ich regelmäßig ein, wenn ich einen gewissen Punkt überschreite. Schlafen beeinträchtigt die Meditation zwar nicht, da die Lichtwesen auch im Schlaf mit uns arbeiten, doch ich knüpfe meine Verbindung lieber im Wachzustand, um einiges direkt steuern zu können.

Was also ist die Alternative zu einer tiefen Meditation? Die Antwort ist so wunderbar einfach wie wirkungsvoll: Tagträumen.

Um in Kontakt mit deiner Seele, deinem Höheren Selbst, deinen Engeln und den vielen magischen Wesen in den Welten um uns herum zu treten, musst du dich nicht zwangsweise in einer Trance befinden. Schließe die Augen oder auch nicht, und lasse einfach nur deine Gedanken schweifen. Entspanne dich. Rufe die Wesen herbei, mit denen du dich verbinden willst, stelle deine Fragen, spüre ihre Anwesenheit, und sauge ihre Kraft in dich ein. Lenke deine Tagträume bewusst in Richtungen, die du dir im Leben ersehnst. Träume davon, was du dir wünschst – immer wieder. Höre gern auch Musik dabei. Bringe dich geistig in eine Schwingung, die dich den Engeln und Lichtwesen näherbringt, egal, ob du nun in einer tiefen Trance bist oder nur zurückgelehnt an deinem Schreibtisch sitzt und aus dem Fenster blickst.

Niemand, wirklich niemand auf dieser Welt entscheidet, ob du die Botschaften der Lichtwesen nur unterbewusst wahrnehmen oder ob du sie auch aktiv erleben kannst und darfst. Lange Zeit hatte ich ein schlechtes Gewissen und ungutes Gefühl, weil ich mich selbst nicht in diesen tiefen, meditativen Zustand bringen und ebenso gewaltige Erlebnisse haben konnte wie viele andere in meinem Bekanntenkreis. Sie alle erzählten mir, welche außergewöhnlichen Begegnungen sie in diesem Zustand hatten, und ich habe es mir so viele Jahre für mich selbst gewünscht und immer wieder danach gestrebt. Bis mir eines Tages durch einen einfachen Satz meines Seelenbegleiters klar wurde, dass ich diesen Umweg über eine Meditation gar nicht brauche – ja, niemals gebraucht habe. »Warum willst du immer schlafen, um mit uns zu reden?«, hat er mich gefragt und fügte hinzu: »Du redest doch im wachen Zustand die ganze Zeit mit uns.« Und von da an wusste ich, dass es hier eben, wie in allen anderen Bereichen auch, unzählige Wege gibt. Sich mit seinen Engeln und Seelenbegleitern zu verbinden, bedeutet nicht, dem Weg einer großen Masse folgen zu müssen, nur weil es für andere der richtige ist. Es bedeutet, genau das zu tun, wozu dich dein Herz bringt. Tief in dir weißt du ganz genau, was du brauchst und was du tun musst.

Wenn also auch du deine Schwierigkeiten damit hast, in einen tiefen, tranceartigen Zustand zu gelangen, dann lehne dich zurück, und folge deinem eigenen Rhythmus, deiner eigenen Wahrheit – denn die bestimmst du ganz allein.

47

Zwischen *Träumen* und WACHSEIN

Immer wieder suchen wir in Meditationen oder auch Tagträumen die besondere Begegnung mit unseren Lichtwesen. Wir überlegen uns, zu welchen Themen wir sie befragen wollen, und begeben uns dann auf die Reise. Aber was geschieht in den Situationen, in denen wir den Zeitpunkt der Begegnung gar nicht selbst wählen?

Es gibt eine Zeit, einen magischen Moment zwischen Wachsein und Schlafen, in dem unsere Seele für den Bruchteil einer Sekunde sämtliche Fesseln zu sprengen vermag. In diesem Zustand sind wir in der Lage, die Grenzen zwischen unserer und anderen Dimensionen verschwimmen zu lassen und einen einzigen Augenblick wie die Ewigkeit zu erleben. Rein wissenschaftlich betrachtet wird dieser Zustand durch ganz bestimmte Wellen im Gehirn erzeugt, die uns eine Art schwerelosen Zustand vorgaukeln. Das ist natürlich nicht falsch. Doch wer möchte entscheiden, ob diese Gabe nicht gleichzeitig Gottes Geschenk an seine Kinder war, als er sie auf die Erde schickte? Eine Erklärung muss eine andere nicht immer ausschließen.

Hast du diesen ganz besonderen Kippmoment schon einmal ganz bewusst wahrgenommen? Vielleicht hattest du ja tatsächlich schon einmal eine spirituelle Begegnung in so einem Augenblick. Du erkennst ihn daran, dass du dabei bist wegzudriften und plötzlich etwas sehr Merkwürdiges mit dir passiert. Dir ist bewusst, dass du gerade in deinem Bett liegst und kurz davor bist, einzuschlafen. Du kannst deinen Körper spüren und weißt, wo du bist. Dein Verstand arbeitet noch. Doch gleichzeitig geschieht etwas sehr Eigenartiges. Du hörst Geräusche im Raum, hörst vielleicht jemanden kommen. Du kannst die Anwesenheit einer Person in deiner Nähe spüren und möchtest die Augen öffnen, um sie anzusehen. Doch du kannst dich nicht mehr bewegen. Dein Geist ist noch wach, dein Körper ist jedoch bereits eingeschlafen.

Wer so etwas zum ersten Mal erlebt und nicht um die Bedeutung weiß, der gerät höchstwahrscheinlich in unaussprechliche Panik. Ich sage dir das, weil es mir selbst nicht anders ging. Man möchte sich im Bett bewegen, man möchte um Hilfe rufen, das Herz schlägt einem bis zum Hals. Die Präsenz dieses Wesens im Raum wirkt möglicherweise bedrohlich. Man kann sie spüren und die Bilder des Geschehens in seinem Kopf wahrnehmen, als wären die Augen noch geöffnet, doch man weiß, sie sind geschlossen, und egal, wie sehr man sich anstrengt, man kann nicht einfach »aufwachen«.

Diese Momente gehen anfangs meist sehr schnell vorbei. Ob du bei der ersten Begegnung bereits die Chance hast, mit diesem Wesen zu kommunizieren, hängt von deiner Willensstärke und deinem Mut ab. Aber selbst, wenn es dir geht wie mir damals und deine Angst dich so blockiert, dass du gar nicht zulassen kannst, eine richtige Verbindung aufzubauen, ehe der ganze Spuk vorbei ist, verzage nicht. Diese Momente kommen wieder.

An dieser Stelle möchte ich dir meine eigene Geschichte erzählen.

Vor vielen Jahren hatte ich einen Kater. Er war ein orangefarbener Tiger namens James. Eines sehr frühen Morgens, nachdem mein Mann bereits zur Arbeit gegangen war, drehte ich mich im Bett noch einmal um, um noch ein paar Stunden Schlaf zu bekommen, ehe auch ich aufstehen musste. In diesem Moment spürte ich, wie James auf die Matratze sprang, um es sich am unteren Ende des Bettes neben meinen Beinen gemütlich zu machen. Das war nichts Ungewöhnliches, darum habe ich auch nicht weiter darüber nachgedacht. Selbst dann nicht, als er seitlich an meinem Körper entlang nach oben kroch, um sich direkt neben meinem Kopf aufs Kissen zu legen.

Ich schlief ein und wachte erst wieder auf, als der Wecker klingelte. Müde rollte ich mich aus dem Bett und sah mich nach dem Kater um. Er lag aber nicht länger auf meinem Kissen und war auch sonst nirgends zu sehen. Auch das wunderte mich nicht, denn er war bestimmt schon in die Küche gelaufen und wartete dort auf sein Frühstück. Ich ging also zur Tür … und blieb wie angewurzelt stehen. Die Tür war zu.

Natürlich musste sie geschlossen sein. Mein Ehemann schloss sie schließlich jeden Morgen, wenn er das Schlafzimmer verließ. Aber wie um alles in der Welt konnte dann die Katze rein und raus? Es war schon verrückt, doch beschäftigte es mich zunächst nicht weiter. Wahrscheinlich hatte ich nur geträumt. Das wäre immerhin möglich gewesen. Komisch kam mir nur vor, dass dies gleich an mehreren Tagen hintereinander passierte, und zwar immer sofort nachdem mein Mann das Haus verlassen hatte und ich wieder am Einschlafen war.

Ich schaffte es nie sofort in einen Traum, sondern war gefangen in einem Zustand, in dem ich alles um mich herum noch wahrnehmen konnte, nur fühlte ich mich wie durch unsichtbare Ketten ans Bett gefesselt. Ich konnte mich nicht bewegen, nichts sagen, nicht reagieren, bis ich über kurz oder lang dann doch jedes Mal einschlief. Und als die Katze weiterhin jeden Morgen in mein Schlafzimmer kam, obwohl die Tür geschlossen war, fing ich an, mich vor diesem Moment zu fürchten. Denn mir war klar, hier stimmte etwas ganz und gar nicht. Besonders, als den Besuchen des Katers plötzlich auch noch Schritte im Flur vorausgingen. Sehr menschliche Schritte, obwohl doch niemand zu Hause war.

Ich erzählte meinem Mann von den Vorfällen, doch er tat sie als einfache Träume ab. Meine beste Freundin war da schon etwas offener und fand die Sache ziemlich spannend. Ja, vielleicht hätte auch ich sie spannend gefunden, wenn sie nicht ausgerechnet mir passiert wäre. Tatsächlich versetzte mich mittlerweile allein der Gedanke daran in extreme Panik, weil ich in der Situation jedes Mal Todesängste ausstand. Inzwischen war es keine Katze mehr, die sich neben mich legte, es fühlte sich an wie ein Mensch.

Schließlich rief ich meine Mutter an und erzählte ihr, was vor sich ging. Wie ich ist auch sie sehr empfänglich für Übersinnliches. Ihr Ratschlag veränderte damals alles für mich. »Hab keine Angst, mein Schatz«, sagte sie. »Vielleicht ist das nur jemand, der deine Aufmerksamkeit sucht.«

Meine Aufmerksamkeit? Fantastisch. Die hatte dieses Wesen inzwischen voll und ganz.

Meine Mutter gab mir auch den Rat, mich nicht mehr vor dem Moment zu fürchten, in dem diese Gestalt zurückkommen würde, sondern einfach wachsam zu sein. Ernsthaft? Wachsam, wenn ich Schritte im Flur hörte, mitbekam, wie sich die Tür leise öffnete und schloss, spürte, wie die Matratze neben mir unter dem Gewicht von jemandem einsank, mich in all der Zeit aber nicht mehr bewegen, ja nicht einmal meine Augen öffnen konnte, weil der Schlaf bereits an mir zog?

Jene paar Wochen waren die beängstigendsten in meinem Leben. Doch waren sie auch die aufregendsten. Mit einer angeborenen Neugier wollte ich wissen, was hinter diesen gruseligen Besuchen steckte. Ich fing an, in der Geschichte unseres Hauses nach Hinweisen zu suchen, doch ich konnte nichts finden, was auf übersinnliche Erscheinungen wie diese hindeuten würde. Es gab keinen Mord, keine ungelösten Todesfälle, absolut nichts. Ich stand vor einem Rätsel. Und die körperlose Gestalt schien richtig Gefallen an mir zu finden.

Aber ich habe noch niemals einfach aufgegeben. Mit einer Hartnäckigkeit, die sogar mich überraschte, trainierte ich, in diesen unheimlichen Momenten jedes Mal ein paar Sekunden länger bei Bewusstsein zu bleiben. Ich bereitete eine einzige Frage vor, die ich mir jeden Morgen in Gedanken immer und immer wieder vorsagte, sobald mein Ehemann das Haus verlassen hatte.

Wer bist du?

Glaubst du, ich habe jemals die Chance bekommen, diese Frage tatsächlich zu stellen?

Nun, ja, das habe ich. Ich lag an jenem Morgen mit dem Rücken zur Tür, was ungewöhnlich für mich war, weil ich damals noch der größte Angsthase der Welt war. Und wer könnte es mir verübeln, nach all den geisterhaften Dingen, die ich in den Wochen zuvor erlebt hatte? Doch als an jenem Morgen die Schritte wiederkehrten, als die Tür sich öffnete und schloss, schaffte ich es, den Kopf ein wenig zu drehen. Mit einer unglaublichen Willensstärke zwang ich mich dazu, die Augen zu öffnen. Ich wusste in diesem Moment, dass ich gerade nicht meine richtigen Augen öffnete, sondern meinen Geist. Weil ich bereit war, meine Angst zu überwinden. Dennoch kam es mir so vor, als würde ich nun den Raum tatsächlich so sehen, wie er war, und auch alles, was darin vor sich ging. Schemenhaft nahm ich im Licht des heranbrechenden Morgens wahr, wie ein junger Mann um das Bett herumging und auf meine Seite kam.

»Wer bist du?« Ich weiß bis heute nicht, ob ich die Worte tatsächlich laut ausgesprochen, oder nur in meinen Gedanken an den jungen Mann gerichtet habe. Dass seine Antwort aber direkt in meinem Geist entstand und darin widerhallte, daran zweifle ich nicht. »Das ist unwichtig«, sagte er mir.

Mit den ersten sanften Worten, die er an mich gerichtet hatte, fiel alle Angst von mir ab. Er ließ sich neben mir auf die Knie nieder, und ich konnte ihn ganz nah an meinem Gesicht spüren. »Was möchtest du tun?«, drang seine Stimme wie ein Engelsflüstern an mein Ohr.

»Ich möchte fliegen.« Ich habe keine Ahnung, wo dieser Gedanke herkam. Ich habe Höhenangst und kann nicht einmal eine Leiter hochklettern, ohne dabei in Panik zu geraten. Doch in diesem surrealen Augenblick wollte ich nichts lieber tun, als mit ihm zu fliegen.

Und dann passierte etwas Unfassbares. Einerseits war mir absolut bewusst, dass ich immer noch in meinem Bett auf dem Rücken lag, die Decke über meinen Körper gezogen. Doch im selben Moment fühlte ich auch, wie er seine Hände unter meinen Körper schob, mich hochhob und mit mir in den Himmel aufstieg. Zwei völlig unterschiedliche Empfindungen zur selben Zeit.

Verrückt, denkst du jetzt vielleicht? Frag mich mal. Doch selbst mit meinem Kopf tief im Kissen, konnte ich spüren, wie mir der kühle Wind ins Gesicht blies, während wir hoch über den Wolken dahinflogen.

In mir tauchten so viele Fragen auf, aber keine davon konnte ich stellen. Bis auf eine: »Warum kommst du immer wieder zu mir?«

Ich weiß, dass er seit jenem Moment in jeder Sekunde an meiner Seite ist. Das war er vorher schon, und er wird es auch in ferner Zukunft sein. Ich begrüße ihn jeden Morgen, rede mit ihm, wenn ich allein bin und seine Präsenz fühle, und spüre sogar jetzt, in diesem Moment, wie er mir über die Wangen streicht. Und all das nur, weil er mir damals als die einfachste aller Antworten zuflüsterte: »Weil ich gern in deiner Nähe bin.«

Seine morgendlichen Besuche endeten kurze Zeit später, denn ich war nun nicht mehr auf diesen außergewöhnlichen Moment zwischen Träumen und Wachsein angewiesen, um ihn wahrzunehmen. Ich hatte gelernt, ihn in mir zu spüren, egal, ob bei Tag oder Nacht. Und wenn du dich nun fragst, wer denn dieses wunderbare Wesen an meiner Seite sein mag, dann möchte ich dich an den großen Freund des kleinen Mädchens aus der Geschichte in Kapitel 21 erinnern. Er hat sein Versprechen von damals gehalten.

Nun schlafe gut, und träume süß.
Und in der Zeit dazwischen genieße einfach den Moment.

48

Wie DROGEN die *Seele verschleiern*

Bestimmt hast auch du schon einmal jemanden kennengelernt, mit dem es auf Anhieb gefunkt hat, sodass ihr spontan ganz wunderbare Freunde wurdet. Oder vielleicht hast du eine unerklärliche Abneigung gegenüber jemandem gespürt, obwohl du die Person noch gar nicht gekannt hast.

Wie gut wir mit anderen Menschen auskommen, ob wir sie auf den ersten Blick leiden können oder ob sie uns unsympathisch sind, hängt sehr stark damit zusammen, inwieweit unsere Seelen in Einklang schwingen. Der erste Eindruck ist meist der richtige, so sagt man, und das stimmt auch, wenn wir uns dabei auf unser Herzgefühl verlassen und nicht auf das, was wir auf den ersten Blick von außen sehen.

Jede Seele pulsiert im Körper und sendet dadurch eine Schwingung in einer ganz bestimmten Frequenz aus. Diese nehmen wir intuitiv wahr, noch ehe das erste Wort gewechselt wird. An ihr erkennen wir auch oft andere Seelen, die wir noch von früher kennen. Selbst, wenn wir dieser Person noch nie begegnet sind, weiß unser Herz sofort, ob wir sie gern in unseren engen Kreis aufnehmen wollen oder nicht. Je reiner und offener eine Seele ist, desto einfacher ist es für andere, diese wahrzunehmen und in der Folge intuitiv zu handeln. Nun gibt es aber Dinge, die auf unsere Seele einwirken und die verursachen, dass sie von einer anderen Energie überlagert wird, die verschleiert, wer wir wirklich sind. Diese Energie verändert uns auf einer Ebene, die für viele nicht greifbar ist, darum schieben einige Menschen den Gedanken an die Konsequenzen auch sehr leichtfertig beiseite.

Ich spreche hier von bewusstseinsverändernden Drogen. Dazu zähle ich Alkohol ebenso wie Marihuana oder Heroin und sogar Psychopharmaka. All diese Substanzen lösen Veränderungen in unserem Gehirn aus, die weit tiefer greifen, als du es dir vielleicht gerade vorstellen kannst. Manche natürlichen Drogen, wie beispielsweise bestimmte Kräuter, die bei besonderen schamanischen Ritualen geraucht werden, mögen zum Zwecke der geistigen Öffnung nützlich sein. Durch sie haben die Schamanen Zugang in andere Dimensionen und machen dort außergewöhnliche Erfahrungen. Es ist also nicht alles negativ zu bewerten. Und das möchte ich auch gar nicht.

Tatsächlich ist es mein Wunsch, dir auf einer neutralen, sachlichen Ebene darzulegen, dass bestimmte Dinge unser Bewusstsein auf gute wie schlechte Weise verändern können – und beide dennoch einen ganz bestimmten Effekt haben werden.

Bei der Einnahme jeglicher synthetischer oder natürlicher Rauschmittel legt sich ein Schleier über unsere Seele, der verhindert, dass wir von außen noch in unserer reinen Seelenform erkannt werden. Die Folgen sind weitreichend.

Stelle dir nur einmal zwei Menschen vor, die sich bei ihrer ersten Begegnung auf den ersten Blick ineinander verliebt haben und bereits über Jahre eine glückliche Beziehung führen. Sie erkennen sich in ihrer Seelenpartnerschaft jeden Morgen aufs Neue, wenn sie aufwachen, und zwar weil sich ihre Seelen kennen und sich gegenseitig so wahrnehmen, wie sie sind. Wenn nun einer dieser beiden Menschen anfängt, Alkohol in hohem Maße oder Drogen, egal, welcher Art, einzunehmen, wird seine Seele durch diesen Schleier verhüllt, und die Seele seines Partners kann sie nicht wiedererkennen. Es beginnt eine schwere Zeit, in der sich beide Menschen auf eine gewisse Art verloren fühlen, denn auch die verschleierte Seele kann nun ihre feinen Fühler nicht mehr uneingeschränkt ausstrecken und somit die andere Seele erkennen. Obwohl es immer noch dieselben Personen sind, fühlen sie sich manchmal wie zwei Fremde im selben Haus. Dies kann über kurz oder lang zu Reibereien führen, weil man sich nach der Schwingung der Seele sehnt, so, wie man sie kannte, und diese gern zurückholen möchte. Die Suche danach wird nicht ohne ein gewisses Scheuern an der Oberfläche – am Schleier – stattfinden können. Wer aber den tieferen Sinn hinter diesem Zustand nicht versteht, mag sich täuschen lassen und die Reibereien als ständiges Nörgeln aneinander abtun, was zwei Menschen letztlich auch entfremden kann, wenn die Suche nach der wahren Seele – der Wiedererkennung – erfolglos bleibt.

Dies sind natürlich die traurigsten Folgen, die eintreten können. Nicht immer muss es in genau dieser Form geschehen. Wichtig ist einfach, dass du auf einer neutralen Ebene verstehst, wie bewusstseinsverändernde Mittel die Frequenz der eigenen Schwingung verändern. Ob und in welchem Ausmaß du diese Veränderung wünschst, liegt in deinem eigenen Ermessen.

Betrachte es wert- und urteilsfrei, aber mit einem wachen Verstand und von einer höheren Perspektive. Und berücksichtige dabei nicht zuletzt den Wunsch deiner eigenen Seele.

Je reiner und
offener
deine Seele ist,
desto einfacher ist es für andere,
diese
wahrzunehmen.

49

DEPRESSION und warum Psychopharmaka schlecht für die Seele sind

Das folgende Kapitel liegt mir besonders am Herzen, weil ich denke, dass ein Großteil dieser Welt die tiefe Bedeutung einer Depression verkennt. Sie wird in der heutigen Zeit leichtfertig als Volkskrankheit abgetan, an der inzwischen jeder Zweite bis Dritte leidet. Die biologischen Vorgänge, die bei depressiven Menschen im Gehirn stattfinden, lassen sich natürlich bis zu einem gewissen Grad medizinisch erklären. Dass diese Vorgänge aber eigentlich die letzten Auswirkungen einer seelischen Krankheit auf den Körper sind, ist für viele schwer zu verstehen.

Die Medizin hat in den letzten Jahrzehnten mit synthetischen Drogen einen Weg gefunden, die Symptome der Krankheit zu unterdrücken, damit wir wieder »funktionieren«. Doch wie bereits gesagt, bewirken auch Psychopharmaka nur eine Verschleierung unserer Seele und noch Schlimmeres. Denn durch derlei Medikamente wird ein Schleier über unsere Seele gelegt, sie wird regelrecht eingesperrt und unterdrückt. Ihr wahres Sein wird verstümmelt. Und obwohl es für einen kurzen Moment so aussehen mag, als würde der Mensch dadurch eine Besserung verspüren, wird oft sehr schnell ersichtlich, dass er sich in Wahrheit nur noch wie im Autopiloten durch das Leben bewegt.

Durch die Einnahme von Psychopharmaka wird das seelische Leiden nicht geheilt. Lediglich die daraus resultierenden Emotionen werden unterdrückt. Und Emotionen sind das, was wir sind. Sie machen uns und unsere Seele aus. Wir empfinden. Das ist das Geschenk des Himmels an uns. Freude, Liebe, Aufregung, Ärger, Angst, Trauer und Schmerz: Wir haben einen Regenbogen an Gefühlen für dieses Leben mitbekommen, der die Reise durch diese Welt erst wirklich wunderbar macht.

Natürlich wünschen wir uns, es wäre möglich, immer auf der Sonnenseite des Lebens zu stehen. Doch wie sollten wir die Sonne schätzen lernen, wenn wir nicht auch manchmal eine Zeit ohne sie erleben? Versuche dies einmal wertfrei zu betrachten, aus einer höheren Perspektive. Vielleicht kannst du es dann ein wenig besser verstehen.

Aber wie lässt sich eine Depression denn nun für immer heilen?

Ich fürchte, das wird schwer. Doch du kannst deiner Seele helfen, diesen tiefen Schmerz gar nicht erst aufkommen zu lassen. Es wird nicht immer klappen, aber wenn du die Zusammenhänge verstehst, kannst du lernen, damit zu arbeiten.

Depression bedeutet, dass die Seele trauert. Sie leidet. Die häufigste Art der Depression und vor allem ihre Anfänge lassen sich mit einer unerklärlichen Sehnsucht vergleichen. Du sehnst dich nach etwas, was du lange hattest, was aber irgendwann auf deinem Weg verloren gegangen ist – ein Gefühl von Freiheit, Leichtigkeit oder Geborgenheit, ohne die das Leben nun farblos und mühsam erscheint.

Unsere Seele leidet auch, wenn wir uns selbst nicht gestatten, unserem Lebensplan zu folgen, denn sie allein weiß, was wir uns einst vorgenommen haben, während wir es in der Regel vergessen haben. Deswegen versperren wir uns hin und wieder selbst den Weg und werden dadurch von der göttlichen Energie abgeschnitten.

Du siehst also, eine Depression kann viele Ursachen haben. Jene Menschen, die daran leiden, brauchen selbst oft Jahre, bis sie annähernd in Worte fassen können, was ihnen so sehr fehlt, dass ihre Seele so tief trauert. Weil eine Depression eben nicht im Körper, sondern ursprünglich in der Seele entsteht. Je länger der Schmerz aber in uns wohnt, desto wahrscheinlicher ist es, dass er sich irgendwann in einem körperlichen Leiden ausdrückt. Darum ist es überaus wichtig, eine Depression bereits in ihren Anfängen zu erkennen und sich ihr liebevoll zu widmen.

Lasse mich dir an einem Beispiel zeigen, wie sie zustande kommen kann und wie man sie in diesem Fall umgehen könnte. Natürlich ist nicht alles so einfach, wie es sich in ein paar Absätzen niederschreiben lässt, doch in diesem Moment ist nur wichtig, dass du das Prinzip verstehst. Das Verständnis dafür wird dir wiederum erlauben, zu gegebener Zeit einen anderen Denkansatz in Betracht zu ziehen.

Ein sehr einfaches, aber unerwartet tiefgreifendes Ereignis, das eine Seele in eine Depression stürzen kann, ist ein Umzug. Da, wo wir geboren werden, da schlagen wir unsere Wurzeln. Je länger wir an einem Ort leben, desto tiefer bohren sich diese Wurzeln ins Land. Wir nehmen die Schwingung des Bodens und der Umgebung auf. Jede Information, die wir über den Atem erhalten, ist uns vertraut, und wir wachsen mit diesem Fleckchen Erde zu einer Einheit zusammen.

Wenn wir nun nach langer Zeit der Verwurzelung aus dem Kraftfeld dieses Ortes oder dieses Teils der Erde gerissen werden, ob freiwillig oder durch äußere Umstände, fühlen wir uns, als hätten wir einen Teil unser selbst verloren, weil wir diesen Teil von uns in unserer früheren Heimat zurückgelassen haben. An dem neuen Ort empfinden wir die Schwingung als völlig anders, auch wenn wir es nicht benennen können. Vielleicht ist unsere neue Heimat eine wundervolle Stadt, in die wir schon lange umziehen wollten. Trotz allem dauert es eine lange Zeit, bis wir auch hier wieder unsere Wurzeln wachsen lassen können. In manchen Fällen gelingt das vielleicht sogar niemals.

Dieses Heimweh nach der ursprünglichen Verwurzelung und Schwingung, mit der wir uns so wohlgefühlt haben, macht unsere Seele traurig. Sie leidet. Und immer wenn die Seele leidet, aber körperlich keine Krankheit zu erkennen ist, sprechen wir von einer Depression. Um diesen Schmerz nun zu lindern, bekommen wir Medikamente. Im schlimmsten Fall solche, die unsere Seele verstümmeln, sodass sie uns nicht mehr sagen kann, wie gern sie zurück nach Hause möchte.

Was wäre aber die Alternative? Der schönste Weg wäre, der Seele zu erlauben, wieder dahin gehen zu können, wo sie sich zu Hause fühlt. So einfach dieser Ratschlag erscheint, so schwierig umzusetzen ist er häufig, weil wir natürlich nicht immer nur das tun können, was wir möchten. Kinder sind auf ihre Eltern angewiesen. Studienplätze befinden sich nicht direkt um die Ecke. Unser Partner wohnt vielleicht in einem anderen Teil des Landes. Oder unsere Arbeit zwingt uns zu einem Umzug. All diese Umstände liegen also nur bedingt in unserem Einflussgebiet. Doch eine Lösung gibt es immer!

Reisen zurück in die Heimat sind immer möglich, ebenso wie ausgedehnte Urlaube, eine berufliche Veränderung, eine Fernbeziehung. Natürlich mögen dir sofort hundert Gegenargumente einfallen, warum manches einfach nicht möglich ist. Und damit hast du auch vollkommen recht. Doch all diese Gegenargumente sind nur Herausforderungen des Lebens an uns, damit wir zeigen können, wer wir wirklich sind. Und es liegt an uns allein, Lösungen zu finden. Und glaube mir, Möglichkeiten gibt es immer. Die Frage ist nur, wie wichtig wir unsere Seele nehmen. Sehr oft stehen ihr leider das Ego und die Vernunft entgegen. Und dann ist die Frage: Wofür entscheidest du dich?

Noch einmal möchte ich betonen, dass dies ein sehr einfaches Beispiel ist. Je schwieriger die Ausgangslage, desto schwerer lässt sich natürlich auch eine Lösung finden. Und doch gibt es sie irgendwo im großen Ganzen. Du darfst nur nicht aufgeben, danach zu suchen.

Auf einer sehr spirituellen Ebene möchte ich dir noch mitgeben, dass kreative Menschen vermehrt an Depressionen leiden, weil sie dieses Heimweh nach der Verwurzelung auf einer ganz anderen Ebene empfinden als andere Menschen. Und jetzt versuche einmal, umzudenken. Kreative Menschen, wir nennen sie Künstler, sind nicht von Grund auf depressiv. Es ist vielmehr so, dass Menschen, die sich außergewöhnlich stark nach dem Ursprung allen Seins, nach dem Licht und nach dem wahren Zuhause außerhalb dieser Welt sehnen, tatsächlich erst deshalb kreativ werden. Ihre Kunst ist ein Pinselstrich ihrer Seele auf der Leinwand, die du Welt nennst. Diese Menschen versuchen, ihrem starken Gefühl der Anbindung nach »drüben« in unserer Welt Ausdruck zu verleihen. Das Gefühl ist zu groß, um es in sich behalten zu können. Es muss immer wieder nach außen gelangen, um innerlich Platz für neue Gefühle zu schaffen. Darum malen, schreiben, zeichnen oder musizieren manche Menschen mit einer Hingabe, als wären sie nicht von dieser Welt.

Und die Wahrheit ist: Das sind sie auch nicht. Niemand von uns ist das. Die Welt wird uns nur als Spielplatz zur Verfügung gestellt, damit wir uns reiben, uns selbst kennenlernen und uns entwickeln können. Unser wahres Zuhause liegt woanders. Und wenn wir erst einmal wieder dort sind, ist jeder Seelenschmerz vergessen.

50

Die NATUR – ein mächtiger *Verbündeter*

Du bist einen weiten Weg gegangen. Und ich freue mich, dass du immer noch dieses Buch als kleinen Ratgeber mit dir trägst.

In diesem Kapitel möchten dich die Engel und alle anderen magischen Lichtwesen wissen lassen, dass du für deine Bemühungen und deinen manchmal nicht ganz einfachen Weg einen weiteren mächtigen Verbündeten hier auf der Erde zur Seite gestellt bekommen hast: die Natur mit den Elementen und ganz besonders den vielen Pflanzenwesen. Sie sind tatsächlich Inkarnationen, die du sehen, spüren, riechen, hören und schmecken kannst. Du musst dich, was ihre Existenz betrifft, nicht auf deinen Glauben verlassen, denn sie leben direkt neben dir. Sie wurzeln, sie wachsen, sie strecken sich, sie lassen den Wind ihre Samen weitertragen, und sie halten den Planeten für uns im Gleichgewicht. Aber das ist noch lang nicht alles.

Während sich gerade in tiefen Wäldern, rund um Bergseen oder auf unberührten Wiesen viele Wichtel, Elfen und Naturgeister ansiedeln, die dir auf wundervolle Weise Freunde und Unterstützer zugleich sein können, besitzen auch Pflanzen selbst ganz außergewöhnliche Kräfte, die dir die Quelle des Lichts in liebevoller Voraussicht hier zu Hilfe kommen lässt. Wenn du daran zweifelst, bedenke nur, wie viele Pflanzen wir in der Medizin verwenden. Wir gewinnen ihre Kraft aus dem Verkochen oder Verarbeiten ihrer Blüten und Wurzeln, und das Wirkungsspektrum ist schier endlos.

Du musst aber nicht verarbeitete Produkte aus der Natur einnehmen, damit die Naturwesen in dir wirken und mit dir arbeiten können. Die Kraft steckt in der Pflanze selbst, und wenn du dich ihr mit liebevollem Respekt näherst, kannst du diese Energie tatsächlich in direktem Austausch mit der Pflanze erspüren, erleben und erhalten. Dazu reicht es oft, wenn du durch einen Wald spazierst und dich hin und wieder an einen großen, starken Baum lehnst. Spüre ihn in deinem Rücken wie einen Freund, der dich stützt. Oder lege deine Arme um den mächtigen Stamm, und empfange seine Energie direkt über deinen Herzkanal, der sich sofort öffnen wird, sobald du mit dem Pflanzenwesen in Berührung kommst. Es gibt Bäume mit aufbauender und Bäume mit abbauender Kraft. Eichen sind beispielsweise unglaublich kraftvoll und können dir neue Stärke verleihen, wenn dein Körper müde und dein Geist erschöpft ist. Linden hingegen nehmen dir deine Trauer und lösen Blockaden.

Setze dich auch gern einmal ins Gras und halte deine Hände wie eine Schale um ein kleines Gänseblümchen. Erbitte dir so seine Widerstandskraft und seine Sanftheit. Das Wirkungsspektrum der einzelnen Bäume, Sträucher, Blumen und Kräuter füllt ganze Lexika und würde den Rahmen dieses Kapitels sprengen, doch ein paar Geheimnisse um die Kraft der Pflanzen möchten dir die Wald- und Baumgeister verraten. Um sie zu spüren und zu empfangen, begib dich einfach in ihre Nähe, und öffne deinen Kanal für sie.

AHORN: Er wir auch als Panikbaum bezeichnet, weil er dich aus einer innerlichen Schockstarre lösen kann. Er beruhigt ein hitziges Temperament und bringt Lebensfreude.

BIRKE: Sie aktiviert deine eigene Schöpferkraft und ist eine wahre Lichtbringerin. Sie kann für dich eine Verbindung mit deinen Ahnen herstellen, wirkt emotional entgiftend über die Nieren und löst Blockaden durch Tränen auf.

EIBE: Sie leitet durch Berührung ihres Stamms sofort negative Energien aus deinem Körper. Außerdem wirkt sie als Schwellenbaum, indem sie eine Seele ins nächste Leben geleitet. Die Eibe begleitet den Übergang von der irdischen in die ätherische Welt.

EICHE: Sie bringt dir augenblicklich Kraft und Stärke, gewährt dir einen Blick in die Zukunft und steht für Ewigkeit und Wahrheit.

HOLUNDER: Dies ist der Baum der Feen. Wächst er in deinem Garten, so schützt er dein Zuhause und heilt Krankheiten in deinem familiären Umfeld.

JOHANNISKRAUT: Es ist *die* Pflanze gegen seelischen Schmerz und Depression.

LINDE: Sie öffnet dein Herz und schenkt dir Sinn für Gerechtigkeit, Fröhlichkeit und Entspannung. Mit ihrer Kraft kannst du wunderbar schlafen.

MISTEL: Dieses vermeintliche Unkraut wird in der Krebstherapie eingesetzt. Sie vermag, schmarotzende Energien zu entfernen, und hilft dir dabei, dich mit der Geistigen Welt zu verbinden.

ROSSKASTANIE: Sie wirkt durchblutungsfördernd und gegen Schlaflosigkeit. Die Kastanie bringt das Gedankenchaos in uns zur Ruhe.

TANNE: Dieser besondere Baum hilft dabei, die eigene Schwingung zu erhöhen, um mit der feinstofflichen Welt zu kommunizieren. Darüber hinaus heilt sie Erkrankungen der Atemwege.

THUJA: Sie wird auch als »Lebensbaum« bezeichnet. Die Thuja gestattet dir einen Blick in deine Lebenschronik und lässt dich deinen eigenen Lernprozesses und dein Lebensthema erkennen.

WEIDE: Sie ist der »Aspirinbaum«, da aus ihr das bekannte Schmerzmittel gewonnen wird. Du kannst deine Schmerzen auch einfach an ihrem Stamm abstreifen. Durch ihre flexiblen Äste bringt sie dir Anpassungsfähigkeit und ist besonders für starre Menschen ein wertvoller Freund.

Du kannst auch im Kraftfeld eines Baumes meditieren oder tagträumen. Bäume haben immer liebevolle Botschaften für all jene, die sich ihrer Kraft bewusst und dafür offen sind.

51

Deiner *Fantasie* sind keine GRENZEN gesetzt

Michael Ende, Autor der ganz wunderbaren »Unendlichen Geschichte«, hat uns vor 30 Jahren gezeigt, was wir schaffen können, wenn wir nur für einen Augenblick all unsere Zweifel niederlegen. Für viele war dies nur ein hübsches Märchen. Doch Michael Ende hat für uns ein Tor in eine andere Welt geschaffen, durch das wirklich jeder Mensch und jede Seele hindurchgehen darf.

Viel zu oft wird heute der Ausdruck »eine blühende Fantasie haben« als etwas Negatives benutzt, wenn Eltern beispielsweise die ganz zauberhaften Erlebnisse ihrer Kleinen als unwahre Erfindungen abtun. Wenn Kinder und Jugendliche von Geschehnissen berichten, die sich aus irdischer Sicht nicht erklären lassen.

Für mich sind diese vier Wörter aber das wunderbarste Kompliment, das mir jemals jemand in dieser Welt machen könnte. Denn für viele von uns, die den Zugang in die Welt hinter den mystischen Nebeln wiedergefunden haben, bedeutet Fantasie nicht, dass wir uns nicht im Leben zurechtfinden würden. Im Gegenteil: Wir haben begriffen, was es tatsächlich heißt, Mensch zu sein, und wir wissen, dass uns die Quelle des Lichts niemals in ein so überwältigendes Abenteuer wie »das Leben« ziehen lassen würde, ohne uns mächtige Instrumente mit auf den Weg zu geben, die uns beim Bestehen dieses Abenteuers unterstützen.

Fantasie ist für uns ein unglaublich kraftvoller Schlüssel zu Welten und Dimensionen, die alles um uns herum erweitern. Sie erlaubt uns, die Ketten unseres menschlichen Verstandes zu sprengen, denn Mensch zu sein, bedeutet keineswegs die Krone der Schöpfung erreicht zu haben. Fantasie ist es, was uns im Hier und Jetzt erlaubt, trotz allem immer noch das »Mehr« zu sehen. Nicht jeder Mensch in dieser dreidimensionalen Welt möchte das. Viele können es gar nicht, weil sie sich selbst davor verschließen. Doch jene, die ihren Geist erforschen, erweitern und nutzen wollen, wissen, dass Fantasie nichts mit Hirngespinsten oder einer einfachen Laune zu tun hat.

Fantasie ist die Welt hinter unserer Welt, über unserer Welt und um unsere Welt herum. Und jeder auch noch so kleine Gedanke, den wir in Liebe aussenden, um diese magische, wundervolle Sphäre zu betreten, bereichert nicht nur unser Sein, sondern auch die gesamte Quelle des Lichts. Weil wir alle unseren Teil dazu beitragen, sie zu erweitern und ihr Leuchten zu erhalten.

52

Eine *Reise* zum ABSCHLUSS

Willkommen am Ende dieses Buches, das gleichzeitig der Anfang für eine wundervolle Geistöffnung und eine weitere spirituelle Reise durchs Leben und die Zeiten ist. Wenn du alle Lektionen mit Bedacht gelesen hast, weißt du nun, wie du deine Schwingung anheben und dich zu jeder Zeit mit deinen lichtvollen Begleitern verbinden kannst. Sie freuen sich voller Liebe auf dein Kommen.

Zum Abschied möchte ich noch eine kleine Meditation mit dir durchführen oder dich einfach nur zu einem schönen Tagtraum mitnehmen, der dich auf ganz sanfte Weise an viele Orte führt, an denen du deinen Seelenbegleitern begegnen kannst.

Zünde dir dafür eine Kerze an, wenn du gerade eine zur Hand hast. Mache es dir dann noch einmal mit diesem Buch gemütlich. Rufe deinen Schutzengel herbei, damit er dich in seinem Lichtschein behütet, und lies dann langsam die nächsten Seiten.

Mache dazwischen kleine Pausen, du wirst wissen, wann. Und schließe die Augen, um den Moment in all seiner Kostbarkeit zu genießen. Wenn du die Begegnung gespürt hast und bereit bist, weiterzugehen, dann öffne deine Augen erneut, und lies die nächsten Zeilen.

Ich wünsche dir eine fantastische Reise mit vielen magischen Begegnungen und Wundern auf dem Weg. Zugleich bedanke ich mich für dein Vertrauen und deine Zeit, die du diesem Buch, den heiligen Lichtwesen, dir selbst und auch mir gewidmet hast.

Und nun …
lasse uns
aufbrechen …

Eine *Reise* der vielen BEGEGNUNGEN

Stelle dir vor …

Es ist ein warmer Sommertag, und du trittst aus einem kleinen Häuschen, das von einer wunderschönen, saftigen Blumenwiese umgeben ist. Ein Weg führt von der Türschwelle weg, direkt durch die hüfthohen Blumen, und du gehst los, um dich mit einigen alten Freunden zu treffen. Dein Herz schlägt voller Vorfreude, und auch ein Lächeln zeichnet sich in deinem Gesicht ab, denn in deinem Inneren weißt du bereits, wen du auf dieser Reise wiedersehen willst.

Gehe deinen Weg langsam. Schaue dich um. Entdecke die vielen bunten Farben der Blumen im Grün der Wiese. Bleibe hier und da stehen, um eine von ihnen zu pflücken, zum Beispiel die rote Rose, die direkt neben dir am Wegrand wächst. Habe keine Sorge, sie trägt keine Dornen. Ihr Stiel ist fest, und ihre Blüten leuchten in einem wunderschönen tiefen Rot. In dem Moment, in dem du sie pflückst, klappt sie ihre Blütenblätter weit auseinander, um sich mit dir an dem warmen Sonnenlicht zu erfreuen. Führe die Rose an deine Nase, rieche daran. Kannst du ihren Duft wahrnehmen?

Trage sie mit dir, und gehe weiter den Weg entlang. Pflücke nun die nächsten beiden Blumen, die in dein Sichtfeld kommen. Eine orange Lilie und eine große gelbe Sonnenblume. Du kannst auch für einen Moment den Weg verlassen, wenn du sie erst suchen musst. Nimm die orange Lilie an den Unterbauch und die Sonnenblume an die Stelle über deinem Nabel. Spüre, wie dein Körper die Kraft dieser strahlenden Farben in sich aufnimmt. Wie ein starkes Rad drehen sich nun beide Farben weiter an dieser Stelle, während du die Blumen zusammen mit der Rose zu einem kleinen Strauß bindest.

Am nächsten Baum, der vor dir auftaucht, halte kurz an. Was ist es für ein Baum? Kannst du seine Liebe und Verbundenheit mit der Natur spüren? Lege deine flache Hand an seinen Stamm. Fühle, wie die Kraft der Erde darin pulsiert. Auf und ab. Sie läuft wie ein tiefroter Lichtstrahl aus dem Boden über seine Wurzeln direkt in seinen Stamm und von dort aus hinauf über die Äste bis in jedes einzelne Blatt, das er trägt. Wie ein magischer Impuls läuft dieses rote Licht immer wieder nach unten bis zur Erdmitte und fließt mit neuer Kraft nach oben über die Wurzeln und den Stamm bis in die Äste. Es ist der Herzschlag der Erde.

Lehne dich nun mit dem Rücken an den Baum, stelle die Beine ein wenig auseinander, sodass du einen guten Stand hast, und strecke deine Arme wie Äste dem Himmel entgegen. Halte deine Blumen dabei in der Hand weiter fest. Strecke den Kopf nach oben, und blicke in die Sonne.

Langsam nimmst du wahr, wie der rote Lichtimpuls nicht mehr nur durch den Baum pulsiert, sondern auch durch deinen eigenen Körper. Der Baum nimmt dich in sein Energiefeld auf und zeigt dir, wie du die Schöpferkraft der Erde über deine Beine aus dem Boden ziehen kannst. Aus deinen Fußsohlen wachsen feine Wurzeln, die sich zusammen mit den Baumwurzeln in die Erde graben. Der Baum zeigt dir den Weg zum Mittelpunkt der Erde, von wo aus nun auch du die kräftige rote Energie ziehst. Sie fährt in einem hellen roten Leuchten durch deinen Körper nach oben, bis in deine Fingerspitzen und deinen Kopf, ehe sie sich wieder nach unten kehrt, um den ganzen Vorgang zu wiederholen. Immer und immer wieder.

Du spürst, wie sich allmählich ein wunderschöner und sanftmütiger Efeu vom Boden über deine Beine hochrankt, immer wieder rund um deinen Körper, bis er einen liebevollen Kranz um deine Brust schließt. Er wird genährt von der strahlend weißen Energie, die dein Herz ihm gibt und die ihn wunderschön saftig grün leuchten lasst.

Dieselbe Herzenergie lasse nun auch in einem weißen Lichtstrahl nach oben ziehen, über deinen Scheitel aus deinem Kopf austreten und direkt hinauf in den Himmel fahren, wo er die Quelle allen Lichts erreicht und sich mit ihr verbindet. Bereits im nächsten Moment kommt ein Impuls über diesen Lichtstrahl zurück zu dir, tritt über deinen Scheitel wieder ein und hat dir alle Klarheit und Liebe aus der Quelle mitgebracht. Der weiße Strahl verbindet sich in deinem Herzbereich mit dem roten Strahl, wo der Impuls wieder nach unten in die Tiefen der Erde schießt und von dort erneut hochsteigt.

Bleibe noch einen Moment stehen, und beobachte, wie in einem ständigen Wechsel dieser Impuls aus der Erdmitte durch dich hindurch, bis in den Himmel hinauf und wieder zurück pulsiert. Spüre den Rhythmus, und nimm durch ihn alle Kraft der Erde und alle Weisheit des Universums auf, die du für deinen weiteren Weg brauchst.

Schließe die Augen, und genieße den Moment …

Wenn du so weit bist, öffne die Augen wieder, und löse dich langsam vom Baum. Nimm eine Schleife aus Efeu zu deinen Blumen, bedanke dich bei der Natur und deiner Mutter Erde für die Stärke, die sie dir mitgibt, und mache dich dann wieder auf den Weg.

Spaziere weiter, und lasse dir dabei alle Zeit dieser Welt. Sie wurde dir geschenkt, du darfst sie nutzen. Atme tief ein und aus. Nimm über den Atem eine leuchtend blaue Energie in dich auf. Spüre sie in deiner Nase, in deinem Mund und tief in deiner Kehle. Über dieses klare Blau der Luft verbindest du dich mit den vielen Geschichten, die du selbst bereits geschrieben hast. Du hast dein Leben schon viele Male gelebt und geatmet. Immer hast du dabei über den Atem dir selbst und dem Kosmos deine Erfahrungen hinterlassen. Nimm nun all die schönen und wertvollen Erinnerungen erneut mit der blauen Luft in dich auf. Und lasse sie dort wirken.

Atme mehrmals tief ein und aus, während du immer weiter voranschreitest und bereits einen Wald ganz in der Nähe entdecken kannst. Er ist mächtig und bringt an diesem warmen Sommertag eine angenehme Abkühlung. Steuere langsam auf diesen Wald zu. Nimm die Empfindungen wahr, die sein Anblick in dir auslöst.

Bleibe einige Meter vor seinem Eingang stehen. Schaue zum Wald, und dann sieh auf den Boden vor dich. Ein wunderschönes, violettes Veilchenfeld erstreckt sich von hier bis zu den Bäumen, und eines der Veilchen bittet dich, in deinen Blumenstrauß aufgenommen zu werden. Pflücke es in Liebe, und hebe es vorsichtig an deine Stirn, um dir damit eine strahlend schöne violette Spirale direkt zwischen deinen Augen zu malen. Lasse die violette Spirale sich weiter auf deiner Stirn drehen und leuchten, während du das Veilchen zu den anderen Blumen in den Strauß steckst.

Und nun sieh einmal neben dich. Sieh, welch wunderschöne, weiße, lichtvolle Gestalt mit mächtigen weißen Schwingen aus reinem Licht auf dich zukommt. Spüre seine Wärme, die dich umgibt wie ein gemütliches Kaminfeuer. Blicke in seine sanften Augen, denn darin wirst du nichts als reinste Liebe für dich sehen. Du darfst den Engel gern umarmen. Lege deine Wange an seine Brust, und spüre, wie sein Herz in diesem und in jedem Moment nur für dich ganz allein schlägt.

Du darfst deinem Schutzengel nun alles erzählen und ihn alles fragen, was dir auf dem Herzen liegt. Nimm dir Zeit dafür. Ihr habt es nicht eilig.

Schließe die Augen, und genieße den Moment ...

Wenn du möchtest und dir die Begegnung mit deinem Engel für heute genug ist, kannst du einfach nur hier bleiben und die Reise an einem anderen Tag wieder aufnehmen. Du kannst dich so lange mit deinem Schutzengel unterhalten, wie du willst. Es eilt nichts. Nur, wenn der Wald dich ruft, gehe weiter.

Erst wenn du in deinem Inneren absolut bereit dafür bist, deine Reise fortzusetzen, löse dich von deinem Engel, nimm ihn aber an der Hand. Er wird von hier an jeden einzelnen Schritt mit dir gehen. Das tat er schon immer, und ab jetzt kannst du ihn dabei auch sehen.

Gehe mit ihm gemeinsam in den Wald, und nimm wahr, wie die vielen Bäume das Sonnenlicht in sich aufnehmen und es dadurch etwas schattiger um euch beide wird. Hier und da fallen noch goldene Lichtstrahlen durch die Blätter und erleuchten dir den Weg.

Du musst keine Angst haben, dein Engel begleitet dich. In diesem Wald wirst du ohnehin keinen finsteren Gestalten begegnen. Hier leben nur allerlei Wichtel und Elfen, Nymphen und Feen. Gehe langsam, und sieh dich immer wieder um. Vielleicht kannst du ein paar von ihnen hinter den Bäumen oder zwischen den Brombeersträuchern entdecken.

Wenn du stehen bleiben willst, tue das. Dein Engel wartet gern mit dir. Rufe den vielen Waldwesen ein freundliches »Hallo« zu, und achte darauf, ob sie etwas erwidern oder vielleicht auch nur zum Gruß die Hand heben. Lege ihnen als Geschenk deine mitgebrachten Blumen unter einen Baum.

Warte einen Moment, ob sie vielleicht neugierig näher kommen und dich mustern. Nimm dir genug Zeit, um sie alle kennenzulernen. Und falls es nicht heute sein soll, dann verschiebe es auf deinen nächsten Besuch hier im Wald.

Schließe die Augen, und genieße den Moment …

Mache dich nun langsam mit deinem Schutzengel wieder auf den Weg. Geht gemeinsam immer tiefer in den Wald hinein, denn dort erwartet dich noch Großes. Aber keine Eile. Halte immer wieder an, um die Ruhe zu genießen. Wenn unterwegs weitere Fragen an deinen Engel in dir auftauchen, stelle sie ihm ruhig. Ein anregendes Gespräch auf dem Weg weiß auch dein Beschützer sehr zu schätzen.

Hörst du in der Ferne bereits das leise Plätschern eines Baches? Folge dem Weg, bis du auf einer kleinen Lichtung das Sonnenlicht sich in der glasklaren Wasseroberfläche spiegeln siehst. Der Bach fließt leise, gemütlich und ruhig. Er hat Zeit, so wie du. Brunnenkresse wächst an seinen Ufern, und zwei große Tannen empfangen dich wie die Wächter zu einer anderen Welt.

Etwas Geheimnisvolles liegt in der Luft. Verneige dich vor den Tannen, und strecke beide Arme nach ihnen aus. Lasse dir ihre sanfte, magische Energie schenken, die dich nun um ein ganzes Stück höher und reiner schwingen lässt. Sieh dir an, wie sich das Licht in dir verändert. Wie es heller wird. Intensiver. Wie du strahlst. Es ist deine Seele, die immer mehr an die Oberfläche kommt und ihr wahres Sein zum Ausdruck bringen möchte.

Kannst du die Farbe deiner Seele erkennen? In welcher Farbe strahlst du gerade?

Lasse dich nun wieder von deinem Engel an die Hand nehmen, und geht gemeinsam durch das Tor der beiden Tannen bis zum Bachufer. Knie dich dort ins weiche Moos, und tauche eine Hand ins Wasser. Es ist kühl und rein, kraftvoll und doch sanft. Ziehe deine Schuhe und alles andere aus, was dich im Moment behindert, und steige dann langsam in den fließenden Bach. In seiner Mitte angekommen, setze dich hin, und lasse das Wasser über deinen Körper, deine Schultern und auch deinen Kopf laufen.

Wasser ist das Element der Emotionen. Lasse zu, dass der Bach dein Innerstes reinigt, und wenn dabei Tränen fließen, so nimmt er sie liebevoll in seinen Fluss auf. Behalte nichts in dir. Übergib dem klaren Bach alles, was du schon viel zu lange mit dir herumträgst. Vertraue darauf, dass du jetzt loslassen darfst.

Schöpfe Wasser mit deinen Händen, und schütte es lachend über dich. Sei fröhlich und ausgelassen wie ein Kind. Spiele. Allein oder mit deinem Engel. Du hast jetzt Zeit dazu.

Und wenn dir im kühlen Wasser langsam frisch wird, dann steige wieder hinaus, und kleide dich an. Genieße das Gefühl deiner Seele, in einem vollkommenen und reinen Körper zu wohnen. Atme tief ein und aus. Und dann blicke zurück zu den großen Tannen.

Kannst du unter einer von ihnen eine edle Gestalt in einem warmen, hauchzarten, weißen Lichtschein erkennen? Die Elben haben dir einen ihrer Boten geschickt. Eine große Gestalt, ähnlich deinem Engel. Seine langen weißen Haare kennzeichnen dieses Elbenwesen ebenso wie die spitzen Ohren und die edle Kleidung. Schlank und anmutig kommt dieser Elb dir entgegen. Reiche ihm deine Hand, und begrüße ihn voller Dankbarkeit dafür, dass er dich aufgesucht hat. Verrate ihm deinen Namen, und warte ab, ob auch er oder sie sich dir vorstellt. Wenn du den Namen nicht gleich verstehst, sei nicht traurig. Frage einfach, ob du für den Moment selbst einen Namen auswählen darfst, denn dieses Wesen möchte gern für ein paar Tage an deiner Seite bleiben. Es hat dir viel zu erzählen. Und selbst, wenn du seine elbischen Worte nicht immer verstehst, vertraue darauf, dass seine Magie und seine besondere Kraft auch ohne Worte auskommen. Das Elbenwesen unterstützt dich mit seiner Weisheit und seiner Erfahrung. Begrüße es in deinem innersten Kreis der mystischen Freunde. Biete ihm einen Platz in deiner Runde an.

Und wenn ihr bereit seid, den Weg wieder aufzunehmen, dann lasse dich von ihm durch das nächste Stück des Waldes führen, denn es kennt sich hier besser aus als jedes andere Lebewesen. Beobachte es, wie es mit den Bäumen spricht und leichtfüßig über Wurzeln und kleine Sträucher springt. Folge ihm, aber hetze dich nicht. Es wird immer auf dich warten.

Lasse dir von ihm ein paar Beeren reichen, die er von den Sträuchern pflückt. Teilt sie miteinander, und erforscht den süßen Geschmack des Waldes. Hast du Fragen an dieses besondere Wesen? Dann stelle sie jetzt, während ihr euch auf den Waldboden setzt und gemeinsam die Früchte der Natur genießt.

Schließe die Augen, und genieße den Moment …

Wenn eure Unterhaltung für den Augenblick beendet ist, bleibe noch ein wenig sitzen, und lausche in den Wald. Etwas regt sich. Kannst du es hören? In den Blättern. Im Unterholz. Blicke in das Gesicht deines elbischen Begleiters, und erkenne darin all die Kraft und Magie, die er dir bringt. Und dann sieh, in welche Richtung er deutet. Folge seiner Hand langsam mit deinem Blick, denn in dieser Richtung findet gerade etwas Großes statt.

In nicht weiter Ferne hat sich der Rat der Tiere zusammengefunden, denn sie haben gehört, dass du kommst. Sie wissen, wer du bist, und auch, was du im Moment am meisten brauchst. Betrachte den liebevollen Kreis aus allen möglichen Tieren, und lausche ihren sanften Worten. Warte, bis eines der Tiere sich erhebt und mit Blick zu dir aus dem Kreis tritt. Welches ist es?

Bleibe ruhig auf dem moosigen Boden sitzen, und warte, bis es zu dir kommt. Lasse es dich beschnuppern, dich umrunden, und wenn es direkt vor dir steht, blicke ihm in die Augen, und danke ihm für sein Kommen. Es hat dich aus Liebe gewählt und wird von nun an ein machtvoller Verbündeter für dich sein.

Du kannst es streicheln und auch deine Arme um seinen Hals legen. Ist es so groß, dass du auf ihm reiten kannst, dann stehe nun auf, und steige auf seinen Rücken. Lasse dich ein Stück von ihm durch den Wald tragen. Und wenn es so klein ist, dass du es tragen kannst, dann nimm es in den Arm, und trage es einen Teil der Strecke. Lasse dir von dem Tier zeigen, welche besondere Kraft es in sich trägt, mit der es dich in deinem Leben unterstützen möchte. Frage es auch, ob es dich nach Hause begleiten oder lieber hier im Wald bleiben möchte, wo du es jederzeit besuchen kannst.

Begib dich mit deinen neuen Freunden nun langsam wieder auf den Rückweg in Richtung Wiese, dorthin, wo du gestartet bist. Lasse den Bach und die Tannen hinter dir, verabschiede dich von den Wichteln und Feen, die sich immer noch über dein Blumengeschenk freuen, und genieße für die nächsten Schritte die Ruhe, die dich und deine kleine Gruppe von Begleitern umgibt. Lausche den Vögeln, die in den Bäumen zwitschern, und atme noch ein letztes Mal tief den Duft des Waldes, der vielen Bäume und des Bodens ein.

Und schon bald siehst du, wie sich vor dir der Wald wieder lichtet und dahinter die sonnenüberflutete Wiese mit all ihren wundervollen bunten Blumen erscheint. Gehe auf das Licht zu, denn es hält noch eine letzte Überraschung für dich bereit.

Den magischen Wald mit seinen mystischen Bewohnern hast du nun hinter dir gelassen, doch deine neuen Freunde nimmst du mit. Sie wandeln still an deiner Seite, passen auf dich auf und sind immer da, wenn du dich mit einer Frage an sie wendest. Sei dir ihrer Präsenz immer bewusst, doch richte nun deinen Blick nach vorn.

In der Mitte der Wiese wartet jemand auf dich. Eine Seele, deren Schwingung du bereits von hier drüben wahrnehmen kannst. Sie erfüllt dich mit einem Gefühl der Freude, des Wiedererkennens und der absoluten Liebe. Kannst du schon ausmachen, wer es ist?

Laufe auf diese wundervolle Seele zu, wer immer es auch sein mag. Schließe sie in deine Arme. Halte sie fest. Spüre, ob es jemand ist, den du bereits in deinem jetzigen Leben kanntest, oder ob es jemand aus viel, viel früheren Zeiten ist. Lasse dich in die Wiedervereinigung fallen, lache, tanze, singe, und freue dich mit dieser Seele.

Setzt euch ins Gras, haltet euch an den Händen, und erzählt einander, was es alles zu sagen gibt. Lasse dir hierfür genügend Zeit. Schütte der Seele dein Herz aus. Sage ihr all die Dinge, die du vielleicht niemals gesagt hast. Oder auch, was du gerade für sie empfindest.

Schließe die Augen, und genieße den Moment …

Und wenn alle Dinge gesagt wurden, dann beschließt gemeinsam, ob diese Seele dich nun zurück nach Hause begleiten und an deiner Seite bleiben soll oder ob es nur ein kurzer Besuch hier auf der Wiese war, wo du sie jeder Zeit wiederfinden kannst, wenn du ihr noch etwas sagen möchtest.

Wenn du die Antwort in dir fühlst, steht gemeinsam auf. Blicke dich nach deinen anderen Begleitern um, reiche deinem Schutzengel die Hand, und lasse ihn dich nun im warmen Licht seiner Liebe den Weg über die Wiese zurück nach Hause führen.

Spaziert langsam und gemütlich, und unterhaltet euch, wenn es noch etwas zu sagen gibt. Oder genießt einfach die Stille, die zwischen euch schwingt. Streichle liebevoll noch einmal über ein paar Blumen, und schicke ein Lächeln zu dem großen Baum, durch den du nun weißt, wie die Kraft der Erde und die Weisheit des Kosmos durch dich hindurchpulsieren.

In der Ferne taucht schließlich dein gemütliches Häuschen wieder auf, von dem aus du losgegangen bist.

Freue dich auf dieses Zuhause, denn du bringst ein paar wundervolle und unendlich wertvolle Begleiter mit, die nun mit dir in dein Haus des Lebens einziehen. Schaffe ihnen einen Platz in deinem Heim. Begrüße sie jeden Morgen, und unterhalte dich tagsüber angeregt mit ihnen. Bedanke dich für ihre Unterstützung und für jede Minute, die sie bei dir sind. Und sei dir ihrer Liebe in der Tiefe deiner Seele bewusst.

Nun gehe hinaus, und genieße die Magie.

ÜBERALL um dich herum.
Zu jedem ZEITPUNKT.
An jedem NEUEN TAG.

Über die AUTORIN

*»Ich schreibe Geschichten,
weil ich sonst nicht atmen kann.«*

Anna Katmore ist erfolgreiche Bestsellerautorin mit über einer Million verkauften Romanen weltweit. Die Oberösterreicherin entdeckte schon als Kind ihre Leidenschaft für das Erzählen und Schreiben. Im Kindergarten sind ihr die fantastischsten Märchen und Ausreden eingefallen. Ihre Erzieherin nannte sie damals ganz unverblümt ein Lügenbalg. Anna nennt es heute den Grundpfeiler ihrer schriftstellerischen Karriere. Disney ist ihre Lebenseinstellung, und wenn sie könnte, würde sie die Welt vor sich selbst retten. Ihr Patronus ist ein Wolf, ihr Zauberstab der Zweig eines Apfelbaums. Sie braucht Sonne, Musik und Freunde, um die Phasen des Nichtschreibens zu überstehen, doch wirklich glücklich ist sie nur, wenn sie wie Alice in ihr ganz eigenes Wunderland spazieren kann und dort immer neue Charaktere kennenlernt, für die sie mit ihren Büchern Brücken in diese Welt baut. Anna Katmore bietet Schreib-Coachings für angehende Schriftsteller sowie Seminare für spirituell Interessierte an. www.annakatmore.com

Danke für deine REZENSION

– Gemeinsam sind wir mehr –

Liebe Leserin, lieber Leser,

von Herzen danken wir dir, dass du dieses Buch in den Handen hältst und es bis zum Ende gelesen hast. Das bedeutet uns, dem Schirner Verlag und seinen Autoren, sehr viel. Aus voller Überzeugung und mit Hingabe widmen wir uns seit vielen Jahren Themen, die unser aller Lebensqualität und Bewusstwerdung dienlich sind, und hoffen, einen Beitrag für eine lichtvollere Welt leisten zu können. Wenn dir unsere Arbeit gefällt, möchten wir dich bitten, dir einige Minuten Zeit zu nehmen, um dieses Buch zu rezensieren. Warum? Die meisten Menschen lesen Rezensionen, bevor sie ein Buch kaufen, da sie hierdurch einen Eindruck bekommen, ob und wie der Inhalt des Buches den Leser erreicht hat. Eine kurze Rezension ist dabei ebenso hilfreich wie eine lange, sehr ausführliche. Um es auf den Punkt zu bringen:

Eine Rezension ist heutzutage die beste Werbung für ein Autorenwerk!

Wenn du den Schirner Verlag und seine Autoren neben dem Buchkauf auch anderweitig unterstützen willst, dann bitten wir dich: Schreibe für jedes Werk eine Rezension – vielleicht als persönliche Leseempfehlung für die Buchhandlung in deiner Nähe oder online, z. B. beim Schirner Verlag. Das wäre nicht nur eine Wertschätzung für die Autoren, sondern kann dazu beitragen, dass die Verkaufszahlen steigen und der Schirner Verlag auch in herausfordernden Zeiten Bestand hat.

WIE SCHREIBT MAN EINE REZENSION?

Grundsätzlich sollte eine Rezension aus der eigenen, subjektiven Sicht geschrieben werden, da es sich um eine persönliche Meinung handelt. Du kannst in zwei Sätzen deine Gedanken zu dem Buch äußern oder eine längere Rezension verfassen. Falls du nicht weißt, wie du beginnen sollst, hier ein paar Anregungen:

- War das Buch leicht verständlich geschrieben? Wie hat dir die Sprache gefallen? Wie empfandest du die Aufteilung der verschiedenen Themen?
- War es unterhaltsam? War es deiner Meinung nach mit Herzblut und Liebe geschrieben? Wie hat es auf dich gewirkt?
- Hat es dein Herz berührt? Konntest du dich wiederfinden?
- War es tief greifend genug? Hast du viel Neues gelernt?
- Hat es gehalten, was der Titel und die Buchbeschreibung versprochen haben? Hat es deine Erwartungen erfüllt?
- Was macht das Buch besonders? Warum sticht es heraus im Vergleich zu anderen Büchern, die ein ähnliches Thema behandeln?
- Würdest du das Buch weiterempfehlen oder verschenken?

Dankeschön

Bildnachweis

Bilder von der Bilddatenbank www.shutterstock.com

Chakrabild S. 27: #1042277725 (© ilolab), #196629551 (© Transia Design)
Engelflügel/Kapitelnummer: #785362219 (© geen graphy), #1514734337 (© S-Design1689)
Hintergründe: #46769257 (© Ambient Ideas), #96653359 (© Elena Schweitzer), #154937954 (© Natali Zakharova), #156792287 (© Natali Zakharova), #262855748 (© TairA), #269365043 (© Nata-Lia), #378931330 (© little star), #483074011 (© ilolab)
Dekoelemete: Engelflügel: #267704390 (© xenia_ok), #1405527524 (© Purebo), #1121644517 (© Evgenia.B); Blumen: #1032867733 (© lisima), #520142188 (© Anastasiya Bleskina), #1701005326 (© lavendertime), #1672293121 (© lavendertime); #495821605 (© Karma3); Bordüren: #129683849 (© antipathique)